PER LEO

NOCH NICHT MEHR

DIE ZEIT DES RUHRGEBIETS

TROPEN SACHBUCH

Tropen
www.tropen.de
© 2023 by J. G. Cotta'sche Buchhandlung Nachfolger GmbH,
gegr. 1659, Stuttgart
Alle Rechte vorbehalten
Cover: Zero-Media.net, München
unter Verwendung einer Abbildung von © FinePic®, München
Gesetzt von Dörlemann Satz, Lemförde
Gedruckt und gebunden von G G P Media GmbH, Pößneck
ISBN 978-3-608-50237-4
E-Book ISBN 978-3-608-12243-5

Zweite Auflage, 2023

Bibliografische Information der Deutschen Nationalbibliothek
Die Deutsche Nationalbibliothek verzeichnet diese Publikation
in der Deutschen Nationalbibliografie; detaillierte bibliografische
Daten sind im Internet über http://dnb.d-nb.de abrufbar.

We both know what memories can bring
They bring diamonds and rust

Bellingham, Ballverlust
90 plus 5
Die hatten nicht genug
Weiser
Weiser für Burke
Der Schotte, der Schotte – der Schotte!
Der Schotte!
Der Schotte mit dem Bart.

INHALT

I. RUHR-
SCHNELLWEG

PROLOG:
FREI NACH TOLSTOI

Glückliches Bielefeld. Wenn im Rest des Landes der ebenso unverwüstliche wie schlichte, man könnte auch sagen: der recht deutsche Witz die Runde macht, eine Stadt namens Bielefeld existiere gar nicht, dann ruft das bei den Bielefeldern ja höchstens ein Schulterzucken hervor. Sie wissen eben, dass manche Leugnung mehr über den Leugner als über das Geleugnete verrät. *To be or Bielefeld* – Bielefeld gibt es nicht, also bin ich: Wer das nötig hat, denkt der Bielefelder, der erhöht sich selbst doch auf Haaresbreite über den Meeresspiegel. Außerdem weiß man in Bielefeld die Wirklichkeit auf seiner Seite.

Ein Ehepaar kehrt zurück aus dem Sommerurlaub. Wird nun die Frau, wie die Protagonistin eines schlechten Romans, beim Passieren des Ortsschildes zu ihrem Mann sagen: »Schau mal, Schatz, da sind wir ja schon in Bielefeld, wo wir bekanntlich trotz aller Nachteile wohnen. Weißt du, als ich gerade seinen Namen las, da wurde mir ganz warm ums Herz. Es macht mir nämlich gar nichts aus, dass die alliierten Bomber unsere Stadt dem Erdboden gleichgemacht haben. Im Gegenteil, so kann man sie wenigstens nicht mit dem schönen Bad Salzuflen verwechseln. Und dass wir ununterbrochen ganz normal sind, das unterscheidet uns doch aufs Angenehmste vom katholischen Paderborn. Auch haben wir uns noch nie so peinlich benommen wie Detmold, als es 2010 partout nicht Kulturhauptstadt Europas werden wollte. Blass, wie es ist, nenne ich darum Bielefeld ohne Zögern meine Heimat.«

Man steckt nicht drin im anderen, aber ein vernunftbegabtes Wesen, das tatsächlich solche Sätze sagt, ist noch schwerer vorstellbar als ein Schriftsteller, der sie sich bloß ausdenkt. Die meisten Orte sind schließlich im Laufe der Zeit so mit ihrem Namen verwachsen, dass man dessen Bedeutung nicht mehr wortreich herbeireden muss. Bielefeld ist eben Bielefeld, weswegen man einfach »Bielefeld« sagt, wenn man Bielefeld meint oder etwas Informatives über Bielefeld mitteilen möchte. Zum Beispiel im Hinblick auf seine zahlreichen Fließgewässer. Schaue man genauer hin, so lockt etwa der lokale Naturschutzverein, könne man in Bielefeld »jede Menge faszinierende, glitzernde und plätschernde Natur im Stadtgebiet entdecken, meist am Stadtrand«.[1] Nun muss man andernorts zwar weder an den Stadtrand radeln noch allzu genau hinschauen, um sich vom glitzernden Nass faszinieren zu lassen – aber wer hat, der hat. Und wer sich seiner selbst gewiss ist, braucht auch keinen Vergleich zu scheuen. Darum war es höchstens ein bisschen geschummelt, jedenfalls nicht gelogen, als man um 1900 – der ortsansässige Apotheker August Oetker hatte gerade die Backpulververmarktung revolutioniert – eine Postkarte mit der Aufschrift drucken ließ: *Bielefeld, das westfälische Venedig.*

Und so ließen sich noch viele informative Sätze über die mittelgroße Stadt an der Lutter bilden, die belegen, dass man dort quasi alles kennt, nur den Selbstzweifel nicht. Zum Beispiel: Ohne die innovative Kombination von Modernisierungstheorie und Fußnotenvermehrung, derer sich die Bielefelder Schule der Sozialgeschichte rühmt, hätte die Historiographie ihr vorwissenschaftliches Stadium womöglich nie verlassen. Oder: Die Landesplanung stuft Bielefeld als Oberzentrum ein, worunter man in der Raumordnung und der Wirtschaftsgeographie einen zentralen Ort der höchsten Stufe versteht, usw.

Doch genug von Bielefeld. Am Ende ist Bielefeld, frei nach Tolstoi, allen anderen glücklichen Städten – Venedig, Barcelona, Bad Salzuflen, Kirchheim a. d. Weinstraße – viel zu ähnlich, um einen Nicht-Bielefelder auf Dauer zu interessieren. Überlassen wir Bielefeld also den Scherzbolden und den Krimi-Autoren. Lassen wir Bielefeld hinter uns. Folgen wir der bald immer stärker befahrenen A 2 weiter nach Westen. Biegen wir auf die A 42 ab. Oder auf die A 40, die früher mal Ruhrschnellweg hieß. Lauschen wir unseren Herzen. Und wir werden merken, wie sich allmählich das Glück verzieht. Als hätte der Himmel seine Stubenfenster aufgerissen, wird die Luft nun mit jeder Minute reiner, bis sie schließlich, kurz hinter Dortmund, ganz frei ist vom Feinstaub der Selbstzufriedenheit, von den Abgasen des Lokalstolzes, vom Smog des gemütlichen Eigensinns. In dem zerklüfteten Ballungsraum, der sich hier jetzt auftut und bis ins Rheinland erstreckt, ist man nämlich alles Mögliche – gradlinig und schräg, herzlich und herzschwach, positiv bekloppt und negativ bescheuert, nur eines sicher nicht: heiter und gelassen selbstbewusst.

Hier wissen die Städte, wie sie heißen, aber nicht, wer sie sind. Zu unvollendet, um sich selbst in der Differenz zu finden, zu träge, um sich zur Megacity zu vereinen, hat keine von ihnen die Gravitationskraft eines Zentrums, während die geballte Saugkraft aller verhindert, dass irgendwo auch nur eine Mitte entsteht. Ihre Namen tragen diese Städte wie eine Geschmacksverirrung der Eltern. Man teilt sie aus infrastrukturellen Gründen und zu Verwaltungszwecken mit, aber erst in Verbindung mit Stadtteilnamen wie Borbeck, Schalke, Witten oder Hochlamarck, mit Institutionskürzeln wie Uni, Fernuni, PH oder KWI, vor allem aber mit Vereinsbezeichnungen wie VfL 1848, FC 04, BVB 09, MSV oder Rot-Weiß erreichen sie auch die Herzen ihrer Bewohner. Ohne die Hilfe solcher Stützwörter fehlt ihnen einfach der Klang, den Namen wie »Paris«, »Venedig« oder »Bielefeld« ganz mühelos erzeugen, sobald sie auch nur ausgesprochen sind.

Was die Liebeslieder der Fankurven am Wochenende auf Sportplatzgröße verkleinern, das hebt im Alltag der Titel einer Region auf das Niveau von Fotobildbänden und Reiseführern. Als wollten sie den schwachen Sound ihrer Eigennamen frisieren, betonen diese Städte nämlich bei jeder Gelegenheit ihre geographische Verwandtschaft. Das klingt zwar noch immer nicht altehrwürdig oder gediegen, aber immerhin nach Großfamilie. Bottrop im Ruhrgebiet, Bruder von Gelsenkirchen im Ruhrgebiet, Cousin von Bochum im Ruhrgebiet, hört gerne zu, am liebsten in Gesellschaft von Schwager Moers im Ruhrgebiet, wenn Tante Duisburg im Ruhrgebiet mit ihrer Bläsercombo ein Konzert gibt; besucht zu Weihnachten und Ostern pflichtschuldig Oma Essen im Ruhrgebiet, obwohl ihr Lebensabschnittspartner, der Prominentenanwalt Mülheim an der Ruhr im Ruhrgebiet, einen ganz schön nerven kann; liegt sich seit Ewigkeiten mit Castrop-Rauxel im Ruhrgebiet wegen einer Lappalie in den Haaren; fährt jeden Sommer mit den Geschwistern Dortmund und Hagen am Rande des Ruhrgebiets in den Urlaub, meist nach Sylt oder auf die Malediven; und sagt über Recklinghausen im Ruhrgebiet: backt extrem leckere Zitronenrolle, aber die langen Haare standen ihr besser.

Man kann sich vielleicht vorstellen, was hier los war, als kürzlich behauptet wurde, das Ruhrgebiet existiere gar nicht. So eine Verwandtschaft ohne Behördenstempel ist ja eine sehr flüchtige Angelegenheit. Erst recht, wenn man bedenkt, dass der westliche Teil der Region historisch zum Rheinland, der östliche zu Westfalen gehört, ihr südlicher Teil den nördlichen an Alter und Wohlstand übertrifft und sie außerdem von drei Kreisstädten aus extern verwaltet wird. Wo der Name »Bielefeld« wie eine Rinde mit der Stadt gewachsen ist, da hängt der Name »Ruhrgebiet« an 53 Städten wie eine Maurerhose ohne Gürtel. Rutscht sie runter, fühlen sich alle nackt. Und außerdem war es kein Witz. Wie auch? Aufgestellt hatte die negative Existenzbehauptung ja kein Geringerer als einer der – laut Verlagswerbung – »besten Philosophen des Landes«, also ein von Berufs wegen ernsthafter Mensch. Und geäußert hatte er sie auch nicht in Form einer plumpen Verneinung, sondern in bestem Philosophendeutsch.

Das Wort »Ruhrgebiet«, so Wolfram Eilenberger kurz und bündig, sei ein »sprachliches Zeichen ohne bestimmbaren Referenten«.[2] Bämm! Das saß. Und es kam im Geltungsbereich des unbestimmbaren Referenten gar nicht gut an. Abgesehen von den üblichen Querulanten und zwölf Hochbegabten, wurde der Philosophensatz dort nämlich einhellig zurückgewiesen. Von den einen mit wütendem Trotz, von den anderen mit zerknirschtem Schweigen. Ein bisschen fühlte man sich allerdings auch ertappt. Nicht wie ein Hochstapler mit falschem Namen, schließlich war niemand betrogen worden – eher wie ein Partytänzer, der plötzlich die Blicke der anderen spürt und ahnt, dass seine Einbildungskraft mal wieder besser in Form war als sein Rhythmusgefühl.

Mal wieder? Mal wieder.

Der spitze Zweifel eines auswärtigen Beobachters war im – sogenannten?! – Ruhrgebiet ja keine neue Erfahrung. Schon 1958 hatte der spätere Nobelpreisträger Heinrich Böll geschrieben, die »Provinz« namens Ruhrgebiet sei »weder in ihren Grenzen noch in ihrer Gestalt genau zu bestimmen«.[3] Anders als den nur der Wahrheit verpflichteten Philosophen hatte diese Behauptung den Schriftsteller aber nicht davon abgehalten, das Unbestimmbare in aller Ausführlichkeit zu schildern – und zwar konsequenterweise weniger durch das, was es auszeichnet, als durch das, was ihm fehlt. Dabei ist ein merkwürdiger Text herausgekommen, der jedoch in seiner ganzen Verschlossenheit einen guten Einstieg in unser Thema bietet. Denn wer verstehen will, warum im Ruhrgebiet die Zeit so machtvoll herrscht, sollte zuvor gesehen haben, wie hoffnungslos alle Versuche – als sei man Gott, ein Adler oder ein Hauswart – gescheitert sind, die Region als dreidimensionalen Raum zu erfassen.

//

Auch Wolfram Eilenberger, Heinrich Böll und der Autor dieses Buchs sind durch eine vorgestellte Verwandtschaft verbunden: Wir gehören zur Familie der schreibenden Ruhrgebietsgäste. Ein jeder von uns hat eine gewisse Zeit in der Region verbracht und dann versucht, sich dichtend und denkend einen Reim auf sie zu machen. Auf ihre merkwürdig diffusen Grenzen. Auf die umso schärfer gezogene Unterscheidung von Innen und Außen. Auf das starke Gefühl eines Woanders-Seins – das allerdings mehr mit dem Kopf des Auswärtigen zu tun hat als dem Verhalten der Hiesigen. Denn im Ruhrgebiet zu sein, das hieß auch immer schon: in Kontakt mit Menschen, die schwer in Ordnung sind.

Aber wie es sich für eine Familie gehört, stehen ihre Mitglieder untereinander in jeweils besonderen Beziehungen. Heinrich Böll ist für dieses Buch eine Art Vater. Und was macht man mit Vätern? Man ermordet sie zum Beispiel, auch wenn es heute meist symbolisch geschieht. Und so auch hier – als ein Akt der Selbstermächtigung gegenüber dem König der schreibenden Ruhrgebietsgäste. Wolfram Eilenberger spielt dagegen die Rolle eines älteren Bruders. Und wie geht man mit älteren Brüdern um? Schwankend. Man tritt in ihre Fußstapfen und behauptet, das Gehen erfunden zu haben. Wie aber verhalten sich zwei Brüder zu ihrem Vater? Nun, in der Regel unterschiedlich. In unserem Fall war es jedenfalls so, dass der Ältere das väterliche Erbe antrat, bevor der Jüngere den Vater tötete. Sollte sich jemand über die Reihenfolge wundern: Unter Dichtern und Denkern sind derlei Freiheiten üblich. So viel zu uns. Aber der anderen Familie sei noch eine Mitteilung in eigener Sache gemacht.

Achtung, Ruhrgebietsbewohner! Dieses Buch hat zwei Teile. Der erste reiht sich ein in eine Serie von Texten, die Ihre Heimat aus der Außenperspektive thematisieren. Oder genauer gesagt: aus der Vogelperspektive, denn bei aller Verschiedenheit ging und geht es dabei immer darum, einen äußerst komplizierten Sozialraum in seiner Ganzheit zu erfassen. Und diesen Versuch haben Menschen des Ruhrgebiets, lange schon, bevor sie es so nannten, genauso unternommen wie dessen Gäste.

Im ersten Teil steigt dieses Buch also hoch in den Himmel – und, als sei es ein Heißluftballon, sogar höher als normalerweise üblich. Denn mehr noch als für das Geschehen am Boden interessiert es sich zunächst für das, was die Vögel unter ihm sehen und gesehen haben, soll heißen: eher für den Diskurs über das Ruhrgebiet als für das Ruhrgebiet selbst. Doch während aus der Luft – abgesehen von den Brieftauben, die sind bestochen – vor allem das Unfertige, Unscharfe und Unausgeglichene, das Paradoxe, Widersprüchliche und Absurde, das Rohe, Schmutzige und Düstere der Region wahrnehmbar wird, kann man am Boden nach ihren verborgenen Schätzen suchen. Hier besingen Froschchöre die Schönheit von Sumpfdiamanten, die nur im weichen Morast von Lippe, Ruhr und Emscher zur Härte reifen konnten, hier sammeln Bienenschwärme den köstlichen Nektar der Rostblumen, die in den verwaisten Erztaschen der Hütten und anderen Verstecken des Reviers auf Bestäubung warten. Und dieser Perspektive ist der zweite Teil des Buchs gewidmet. In ihm wird nicht mehr *über* das Ruhrgebiet geredet – vielmehr quakt und summt es aus zwei Standorten *im* Ruhrgebiet: der alten Hellwegstadt Essen und der ewig jungen Emscherperle Gelsenkirchen.

Doch wie alle sinnvollen Unterscheidungen bilden Außen und Innen, Oben und Unten, Dunkel und Hell zusammen ein Ganzes. Und so verhält es sich hoffentlich auch mit den beiden Teilen dieses Buchs. Sie sind sogar dreifach miteinander verbunden. Nicht nur durch die Einheit von Himmelblick und Bodenpraxis, sondern auch durch ein doppeltes Interesse: an dem Schemen namens Ruhrgebiet und am Fluchtstoff namens Zeit.

Nun denn – Vorhang zu, Licht aus.

DER FLÜCHTIGE
REFERENT

Heinrich Böll schreibt über das Ruhrgebiet wie ein
Hausmeister, der lieber auf seinem Schlüsselbund mu-
siziert, als den Konzertsaal zu öffnen. Ständig klimpert
er mit Wörtern herum, die einfach nicht zum Gegenstand passen wollen. Das beginnt schon mit dessen Be-
zeichnung. Denn so unschuldig nüchtern der Begriff
»Provinz« auch klingt, er benennt doch genau das, was
das Ruhrgebiet – wie Böll noch im selben Satz feststellt –
gerade nicht ist: eine exakt umgrenzte Verwaltungsein-
heit. Die *provincia Germania inferior* endete am linken
Rheinufer, weswegen durch das heutige Moers eine be-
festigte Römerstraße führte, durch das heutige Duisburg aber höchstens ein Trampelpfad zu den reizen-
den Töchtern der germanischen Sugambrer; die Grenze
zwischen den preußischen Provinzen Rheinland und
Westfalen wiederum trennte Mülheim, Oberhausen
und Essen von Gelsenkirchen, Bochum und Dortmund;
und in der Bundesrepublik gehört das Ruhrgebiet, sollte
es denn existieren, in drei etwa gleich großen Teilen zu
den nordrhein-westfälischen Regierungsbezirken Düsseldorf, Arnsberg und Münster.

Als der Journalist Heinrich Hauser die Region 1928
für eine Reportage bereiste, fragte er sich unwillkür-

lich: »Wie und wo beginnt das Revier?«[1] Und so haben es Unzählige nach ihm getan. Es ist die typische Frage eines Reisenden, der wissen will, ob er schon angekommen ist. Auf Inseln, auf Landgütern und Planeten, an Küsten, an Ufern und Gebirgsrändern, in Schlössern, in Staaten und Provinzen ist sie leicht zu beantworten. Im Ruhrgebiet nicht.

Man könnte Böll die schlampige Wortwahl nachsehen, wäre sie nicht der Auftakt einer Symphonie, die vom ersten bis zum letzten Ton verzweifelt nach ihrem Thema sucht. Statt die Phänomene einer fremdartigen, womöglich verstörenden Welt durch Bilder und Vergleiche, durch Adjektive und Lautmalerei, durch Tonfall und Rhythmus in Literatur zu verwandeln, läuft der – unbestreitbare – Reichtum der Schilderung bei Böll immer wieder nur auf den einen trostlosen Befund hinaus: Anderswo gibt es Dinge, die es hier nicht gibt. Wenn sich das Ruhrgebiet fassen lässt, so klappert die Schreibmaschine in Köln, dann nur über seine Mängel.

Dass die Sonne »wie mattes Gold hinter einer Dunstglocke schwebt«, könnte ein atmosphärisches Detail sein. Aber das darf es nicht, denn noch während das Bild in den Kopf des Lesers sinkt, ist es schon verschluckt von einer ebenso starken wie sachfernen Behauptung, die ihren Ursprung allein im Kopf des Autors hat. »Die Sonne«, verkündet Böll, »würde scheinen, wenn man sie nur ließe.«[2] Sie scheint im Ruhrgebiet also nicht auf eine besondere, vielleicht merkwürdige, jedenfalls vorstellbare Weise – sie scheint gar nicht, was verwundert, nachdem der Autor sie gerade noch anschaulich beschrieben hat. Auch die »Rauchfahnen der Kokerei«

könnten einfach nur sie selbst sein, oder sie könnten an die Sonntagszigarre des auf dem Sofa liegenden Großvaters erinnern oder wirken wie ein Dampfschiff, das sich trotz heiß laufender Maschinen nicht vom Fleck rührt, aber das ist ihnen verboten, weil der Autor will, dass sie eigentlich etwas anderes sind, nämlich ein »Ersatz für die weißen Wolken«, die es im Ruhrgebiet leider nicht gibt.[3] Genauso gibt es hier keinen Sommer, sondern nur einen gleichnamigen »klimatologischen Begriff« für jene Monate in der Jahresmitte, die »zwar Wärme, aber wenig Licht« bringen.[4] Was die Besonderheit des Sommers *im* Ruhrgebiet sein könnte, muss bei Böll als Indiz dafür herhalten, dass es richtige Sommer nur *außerhalb* des Ruhrgebiets gibt. Und auch die Städte werden hier zwar mit dem »Verwaltungsbegriff Stadt« bezeichnet, aber »von Stadt« haben sie nichts. Denn eine richtige Stadt »ist Landschaft«, richtige Städte haben eine »Physiognomie«, richtige Städte gibt es im Ruhrgebiet nicht.[5]

Müssen die elementaren Dinge unter dem Himmel doppelt existieren, einmal als romantische Norm und einmal als deren Verfehlung, so können sie ihr Dasein unter Tage ganz ungeschminkt verleugnen. Im dunklen Herzen des Ruhrgebiets, behauptet Böll am Zenit seines Reiseberichts, sei »Wasser nicht Wasser, Luft nicht Luft, Erde nicht Krume, Feuer der Todfeind«.[6] Was will uns der Autor mit dieser Klimperklimax sagen? Dass sich der Regen, sobald er in die Kohlegruben sickert, in ein anderes Element verwandelt und wiederum zurück in seinen ursprünglichen Zustand, wenn die Pumpen ihn ans Tageslicht befördern? Dass die Wetterschächte etwas anderes als Sauerstoff ansaugen? Dass überraschenderweise keine Krume zu finden ist, wo es keine Krume geben kann? Dass Bodenarten wie Löss, Schluff, Ton, Schlick keine Erde sind? Dass die Feuer der Grubenlaternen für das Überleben verzichtbar waren? Dass die Explosionen zum Schießen der Kohle nicht dem Lebensunterhalt dienten? Nein, wenn diese Sätze einen Sinn ergeben sollen, dann müssen wir auch hier die Dinge verdoppeln in eine gemäß Heinrich Böll richtige und eine falsche Daseinsform. So, wie die Sonne im Ruhrgebiet die Sonnennorm verfehlt, die Stadt die Städtenorm, die Wolke die Wolkennorm, so sind auch die Elemente hier nicht, wie offenbar überall sonst, glitzerndes Wasser, duftende Luft, bröckelige Erde und wärmendes Feuer, sondern substanziell anders, gestaltlos und vor allem: abstoßend. Als hielten die Sinne diese Realität nicht aus, müssen sie sich ständig wegphantasieren, um überhaupt etwas wahrnehmen zu können – raus an die Luft, durch den Nebel hindurch, der Sonne entgegen, hinein in den fließenden Strom einer von Städten und Landschaften geprägten Normalität, von wo aus das Ruhrgebiet dann wie ein irreparabler Wackelkontakt erscheint.

Es passt zu dieser Dominanz der Außenperspektive, dass Böll seine Erzählposition immer wieder verlässt, um sie durch die Figur eines »Fremden« selbst zum Thema zu machen. So spielt er am Anfang seiner Reportage darauf an, dass er das Ruhrgebiet bisher nur als unwirkliche Reisekulisse aus Fördertürmen und Hochöfen kennt. Seiner Erfahrung nach durchquert man, wenn man von Köln an die Nordsee oder nach Berlin reist, das Gebiet zwischen Ruhr, Lippe, Niederrhein und Bergischem Land wie einen langen Tunnel, auf dessen Wänden ein expressionistischer Stummfilm in Dauerschleife läuft. Während die Züge – dem eigenen Empfinden nach mit höherer Geschwindigkeit als auf der sonstigen Strecke – »dem Rhein oder dem schmalen, norddeutschen Horizont« entgegeneilen, gewähren sie den Passagieren auf der Durchfahrt »gerade Einblick genug, um dem Mythos Ruhr neue Nahrung zu geben«. Doch schon »in Münster ist der Traum vergessen, in Düsseldorf, spätestens in Köln ist er abgeschüttelt«. Als sei das Ruhrgebiet eine exotische Überseekolonie, scheint es gar keine Rolle zu spielen, wo die Reise endet – in ihrer heimeligen Vertrautheit sind Köln, Düsseldorf, Berlin, Münster und Langeoog einander vollkommen gleich. Und die Bewohner dieses traumartigen Transitraums kommen dem Reisenden vor, als seien sie Säugetiere in einer extremen Klimazone; er betrachtet sie wie durch ein Fernglas: »Die Vorstellung, daß hier Menschen leben, mag dem Fremden, der am Abteilfenster steht, phantastisch vorkommen, obwohl er Menschen sieht.«[7]

//

Mit der Figur des fremden Beobachters auf der Durchreise greift Böll ein Motiv auf, das er knapp zehn Jahre zuvor schon einmal verwandt hat. In seiner Erzählung *Der Zug war pünktlich* lässt der Autor einen jungen, von Todesahnungen geplagten Wehrmachtsoldaten auf dem Weg an die Ostfront durch das Ruhrgebiet fahren, als der Zug planmäßig in Dortmund hält.

Es ist hell, aber noch früh: sieben Uhr. Nie mehr, nie mehr im Leben werde ich durch Dortmund fahren. Das ist doch seltsam, eine Stadt wie Dortmund; ich bin schon so oft durchgefahren und noch nie in der Stadt gewesen. Nie im Leben werde ich wissen, wie Dortmund aussieht, und nie im Leben mehr werde ich dieses Mädchen mit der Kaffeekanne sehen.[8]

Der kurze Kontakt zur Bevölkerung des Ruhrgebiets, der sich hier ankündigt, verläuft bezeichnenderweise stumm, aber nicht sprachlos. Während der Zug steht, bringt das Dortmunder Kaffeekannenmädchen den inneren Monolog des Erzählers nämlich auf Hochtouren:

Er riecht die matten Ausdünstungen des Mädchens, dem man anmerkt, daß es in den Kleidern geschlafen hat, von Zug zu Zug gegangen ist in der Nacht, Kaffee geschleppt hat ... Sie riecht penetrant nach diesem gräßlichen Kaffee. Vielleicht schläft sie ganz nah neben der Kaffeekanne, die auf einem Ofen steht, um immer warm zu bleiben, schläft, bis der nächste Zug eintrifft.[9]

In seinem Mangel an Schönheit, im Verfehlen der Mädchennorm, erweist sich dieses übernächtigte, nach saurem Schweiß und schlechtem Kaffee riechende Wesen als typische Bewohnerin des Ruhrgebiets. Doch anders als dessen Dinge, die ihn nur anglotzen, ruft dieser stumme Mensch im Reisenden Gefühle hervor, und zwar höchst widersprüchliche. Angekündigt durch nichts als ein starkes »aber« weicht die körperliche Abneigung urplötzlich einer Mischung aus Mitleid und Begehren, wie sie in diesem Gleichklang wohl nur christliche Seelen empfinden können:

> Ihre Haut ist grau und spröde wie schmutzige Milch, und das spärliche, blaßschwarze Haar kriecht dünn unter einem Häubchen hervor, aber ihre Augen sind sanft und traurig, und als sie sich bückt, um den Kaffee in seinen Becher zu gießen, sieht er einen reizenden Nacken. Wie hübsch dieses Mädchen ist, denkt er: alle werden sie häßlich finden, und sie ist hübsch, sie ist schön ... auch kleine zarte Finger hat sie ... stundenlang möchte ich mir Kaffee eingießen lassen; wenn doch der Becher ein Loch hätte, sie müßte gießen, gießen, ich würde ihre sanften Augen und diesen reizenden Nacken sehen, und die sonore Stimme [aus dem Lautsprecher] müßte schweigen.[10]

Die literarische Unsauberkeit, in der »hübsch« und »schön« irgendwie ein und dasselbe ist, Abscheu und Attraktivität sich beliebig abwechseln und es möglich ist, einem Menschen zugleich in die Augen und auf den Nacken zu schauen, verrät dem aufmerksamen Leser, dass den Erzähler das Mädchen überhaupt nicht interessiert. Vielmehr ist ihm die dürftige Erscheinung nur ein Anlass, um von der eigenen Bedürftigkeit zu sprechen. Zur Eigenart des Gegenübers dringt die Erzählung von 1949 ebenso wenig durch wie der Reisebericht von 1958. Denn auch beim Reporter Böll folgt die Wahrnehmung des anderen der Logik eines Innenlebens, in dem die Abneigung nahtlos in gönnerhafte Phantasie übergeht. Gerade noch hieß es mit Blick auf die hässlichen Menschen des hässlichen Ruhrgebiets: »Mitleid, ein wenig Verachtung mischen sich zu einem Gefühl, das sich in einem Seufzer ausdrückt«[11] – als es plötzlich, angekündigt nur durch ein starkes »und doch«, nicht mehr der fremdelnde Erzähler ist, der in die unwirtliche Zone einreist, sondern ein imaginiertes, mit allen Insignien der Normalität ausgestattetes Paar, das aus dem Sommerurlaub zurückkehrt.

Das kleine Auto ist mit Plakaten beklebt aus Chamonix und Genua, von der Lorelei und dem Drachenfels. Dem Auto, das kurz vor dem lakonischen Schild »Ruhr« angehalten hat, entsteigt eine junge Frau; sie ist etwa dreißig Jahre alt, modisch gekleidet, schlank, blond, sie geht auf das Brückengeländer zu, lehnt sich über das Eisengestänge, blickt auf den Fluß hinunter, hebt dann schnuppernd den Kopf in die Luft, löst sich vom Brückengeländer, geht zum Auto zurück, steigt ein, und das Auto fährt langsam auf die düstere Kulisse zu.

»Was war los?«, fragt der Mann am Steuer.

»Oh, nichts«, sagt die Frau, die gerade ihre Sonnenbrille mit nüchterner Endgültigkeit wegpackt. »Nichts war los, ich wollte nur sehen, wollte riechen, ob wir wirklich zu Hause sind.«

»Warum gerade hier?«

»Weil es hier anfängt«, sagt die junge Frau, »hier fängt der Lichtwechsel an, hier schmeckt die Luft bitter, werden die Häuser dunkel, und hier sprechen die Leute so, wie ich spreche. Und ich bin ausgestiegen, weil ich einen Augenblick allein sein, dir nicht meine Rührung zeigen wollte.«

»Du bist gerührt?«

»Ja, ich freue mich, dass ich wieder zu Hause bin, ich war all die Schönheit und den blauen Himmel ein wenig leid.«

Kopfschüttelnd, ohne zu antworten, steuert der junge Mann das kleine Auto weiter nordwärts, auf Oberhausen zu.

»Und all die schneeweißen Berge, die Seen, diese sauberen Dörfchen, ich hätte es keine zwei Tage mehr ausgehalten; und diese Barockkirchen da unten, so viel Gold, so viel Gips, so viel liebliche Engel; nein, ich freue mich, wenn ich heute Abend mit dir im Kintopp sitze, weißt du, in dem alten, unten an der Ecke der Bochumer Straße.«

»Ausgerechnet in dem?«

»Ausgerechnet in dem, in dem will ich sitzen und will die Leute riechen, und nachher will ich ein Bier und einen Schnaps trinken in der Kneipe unten an der Ecke zum Wiehagen.«

»Da?«

»Ja, da. Ich will so richtig wissen, dass ich wieder zu Hause bin. Und Sonntag will ich auf den Fußballplatz gehen und auf die Kirmes auf der Wiese hinter Stratmanns Haus, ich will ...«

»Langsam«, sagt der Mann am Steuer, »Langsam ...«

»Ich will zu Großvaters gehen, in seinen Schrebergarten hinter der Kokerei, will sehen, ob die Tomaten reif geworden sind und die Kaninchen fett. Und er muß mir erzählen, ob die Tauben, die er nach Brüssel geschickt hat, alle zurückgekommen sind. Und ich werde mich von Tante Else zum Kaffee einladen lassen und das ganze Gequatsche und Geklöne anhören, über Anita und Willi und …«

»Werde mir nur nicht romantisch«, sagt der junge Mann lächelnd.

»Ich will ja nur wissen«, sagt die junge Frau, »dass ich wirklich zu Hause bin.«

Langsam steuert der ruhige junge Mann das Auto durch Oberhausen.[12]

Es gibt Texte, die dem Leser kaum etwas mitteilen außer ihrer Botschaft. Und hier hat der Autor sie schon verraten, noch bevor er die Szene schildert, die sie dem etwas schwerfälligeren Leser illustrieren soll. Das Ruhrgebiet, so Böll nach einer Kaskade greller Klischees über den »Mythos« des Ruhrgebiets, sei – gewissermaßen trotz allem und irgendwie gegen jede Intuition – »doch Heimat, so geliebt wie jede andere Heimat«.[13]

Dass Menschen zu den Orten, an denen sie leben, wo sie arbeiten, für ihre Rechte kämpfen, um ihre Würde ringen, wo sie Freundschaften schließen, sich verlieben, zeugen und gebären, wo sie ihre Gören und Tomaten aufziehen, ihre Toten begraben, wo sie Meisterschaften feiern und Abstiege beweinen, wo sie ins Kino gehen, ihr Feierabendbier trinken und sogar auch mal einen Schnaps, dass Menschen zu solchen Orten eine emotionale Beziehung aufbauen, ist eine recht triviale Erkenntnis. Erstaunlich ist nicht, dass das Selbstverständliche vorkommt, sondern dass man es mit pathetischer Großmut als Erkenntnis verkündet. Und daran scheint sich bis heute nichts geändert zu haben, auch wenn die Großmut inzwischen eher ironisch ausfällt. So berichten Augenzeugen, dass ein Berliner Professor noch zu Beginn des 21. Jahrhunderts einen Vortrag über städtische Selbstbilder in der Weimarer Republik mit den Worten quittieren konnte: »Meine Damen und Herren, wir haben gelernt – sogar Dortmund kann Heimat sein.«[14]

Erstaunlich auch, wie wenig man sich für das angeblich Erkannte interessiert. Denn noch während festgestellt wird, dass die Bewohner des Ruhrgebiets zu ihrem Lebensmittelpunkt die gleichen Gefühle empfinden können wie Menschen an anderen Orten, hat die Form der Feststellung ihren Inhalt schon dementiert. Das professorale Urteil lautet nicht: Dortmund ist in dieser Hinsicht nicht anders als München, Hamburg oder Berlin. Sondern: *Sogar* Dortmund kann, was München, Hamburg oder Berlin sowieso können. Und so viel Mühe sich der Dichter auch gibt, sein Dialog der beiden Ruhrgebietsbewohner ist doch unschwer als ein kostümiertes Selbstgespräch zu erkennen. Die junge Frau nimmt ja ihre Heimatregion genauso schematisch und klischiert wahr wie zuvor der fremde Erzähler – nur mit umgekehrtem Vorzeichen. Und ihr Mann steuert die pseudo-skeptischen Stichworte bei, die auch dem letzten Leser klarmachen sollen, dass hier genau der romantische Blick zur Normalität erklärt wird, den der Erzähler gerade noch ins Leere laufen ließ. Das abstoßende Ruhrgebiet? Stinknormal!

So bestätigt, was als Kontrast zwischen innerer und äußerer Perspektive erscheinen soll, in Wahrheit nur die

Stereotype des fremden Blicks. Das Ruhrgebiet bleibt Kulisse. Ohne eigenen Bestimmungsgrund ist es allein negativ zu fassen, als ein Ort des Mangels, als das düstere, schmutzige und bittere Andere einer Welt, in der die Berge schneeweiß sind und die Kirchen golden, der Himmel blau, die Mädchen lieblich und die Lüfte süß. Doch um sich von der Frage zu entlasten, wie Menschen unter solchen Umständen ein Leben führen können, und von der Mühe, es zu erforschen und zu beschreiben, lässt der Autor das Dunkle in einem Schreibstubensalto strahlend und das Strahlende blass erscheinen. Statt den Widerspruch auszuhalten, dass die menschliche Liebe den grauen Stätten des Alltags genauso gelten kann wie den Sehnsuchtsorten des Urlaubs, erfindet Böll eine kleine Prinzessin – »modisch gekleidet, schlank, blond« –, die alle Königssöhne Europas links liegen lässt, um dann das Ruhrgebiet so innig zu beschnuppern und mit süßen Worten abzuküssen, als sei es ein verzaubertes Italien. Ihr Zuhause kann nicht einfach riechen, wie es riecht, aussehen, wie es aussieht, und sein, wie es ist – vielmehr wird sein Mangel mit einem Federstrich zur Fülle erklärt. Dass das Bittere wirklich bitter, spärliches Haar wirklich dünn, alter Schweiß wirklich sauer, schwere Arbeit wirklich hart sein könnte und sich alles Gute daher eigene, überraschende, jedenfalls zu erkundende Wege bahnen müsste, die nicht gleich wieder über die Phantasie aus dieser Welt herausführen oder in der Sackgasse des Klischees landen, und darum die Wahrheit auch Pfade finden, die nicht in eine Bejahung der herrschenden Zustände münden, sondern in eine Kritik der herrschenden Ideale – all das wird undenkbar, sobald man das als abstoßend Empfundene umstandslos zur verkannten Schönheit verklärt und ein Epizentrum des entfesselten Industriekapitalismus mit allen Registern der Rhetorik zum Idyll.

LICHTWELLEN
ODER VISIONEN

Bölls Reportage war Teil eines Gemeinschaftsprojekts. Sie erschien in keiner Zeitung oder Zeitschrift, sondern als literarischer Kommentar zu einem Bildband des ebenfalls aus Köln stammenden Fotografen Charges-heimer.[1] Kongenial stellt auch dieser das Ruhrgebiet als einen Raum dar, der erst im scharfen Kontrast zu seiner Umwelt an Kontur gewinnt. Indem er konsequent auf das sonst Übliche, auf repräsentative Form, auf archi-tektonisches Ambiente, Statusinsignien und Porträt-positur verzichtet, um stattdessen die rohe Dürftigkeit der hier lebenden Bevölkerung in all ihrem Mangel an Eleganz und Schönheit auszustellen, schafft Charges-heimer eine Atmosphäre, die das Menschliche betont und zugleich auf zufällige Anblicke spontaner Körper-lichkeit reduziert.

Das literarisch-fotografische Doppelporträt *Im Ruhr-gebiet* rief sofort nach seinem Erscheinen ebenso starke wie gegensätzliche Reaktionen hervor. Während die überregionale Kritik lobte, ihr unvoreingenommener Blick habe es den beiden Kölner Künstlern erlaubt, das Ruhrgebiet frei von Gruppeninteressen, gewisserma-ßen ungeschminkt, zu betrachten, sahen sich lokale Po-litiker und Verbandsfunktionäre von einem schweren

Imageschaden bedroht. Der Essener Oberbürgermeister Nieswandt etwa schimpfte:

> Sah Chargesheimer sonst nichts? Kein lebendiges Aufstreben der jungen Städte, keine pflegliche Behandlung der alten Kulturstätten in den historischen Städten, deren Wiederaufbau nicht weniger eindrucksvoll ist? Keinen der unzähligen Parks, kein Stückchen der bedeutenden Kulturschätze und Kunstwerke, die dieser Raum birgt, nichts von seinem kulturellen und gesellschaftlichen Leben?[2]

Der Siedlungsverband Ruhrkohlenbezirk (SVR), eine 1920 gegründete Organisation zur städtebaulichen Entwicklung der Region, konterte den kommentierten Fotobildband umgehend mit einem kommentierten Gegenfotobildband. Unter dem Titel *Porträt ohne Pathos* sollte dieser ein Ruhrgebiet zeigen, in dem man durchaus, so ein Verbandsvertreter, »entgegen den lästigen Vorurteilen Mensch sein« könne.[3]

Die beiden Bände inszenierten denselben Raum auf denkbar unterschiedliche Weise. Während Chargesheimer in den Nischen der Industriewelt nach unverstellter Menschlichkeit suchte, griffen die Fotos des Bildjournalisten Fritz Fenzl eine souverän harmonisierende, betont sachliche Bildsprache auf, die sich bereits in den 1920er-Jahren zu regionalen Selbstvermarktungszwecken etabliert hatte. Wo der eine Serien aus Mangel, Trotz und Unscheinbarkeit präsentierte, da arrangierte der andere einen Sozialraum, in dem sich Industrie und Landwirtschaft, Arbeit und Freizeit, Tradition und Moderne zu einem vorzeigbaren Ganzen fügten.

Chargesheimers Bilder gehören heute zum Kanon der Fotokunst. Man mag sie für ästhetisch wertvoller und »authentischer« halten als die recht plakativen Ansichten seines Kollegen Fenzl. Legt man die so gegensätzlich erscheinenden Bände aber nebeneinander und blättert sie parallel durch, wird deutlich, was sie verbindet. Und was beide von Bölls Reportage trennt. Der Unterschied liegt im Medium. Und mit dem Medium liegt er auch im Umgang mit der Zeit.

//

Eine Autorin, die ernst genommen werden will, sei sie Wissenschaftlerin, Philosophin oder Schriftstellerin, wird in ihren Texten permanent Rechenschaft ablegen. Was auch immer sie sagt, sie wird versuchen, es durch Begriffe zu fundieren, durch Argumente zu stützen, durch Belege zu erhärten, durch Rhetorik zu polieren, durch Beschreibung zu beglaubigen. Und weil sich Sätzen, wie weich gebettet oder solide unterbaut sie auch sein mögen, immer widersprechen lässt, tut eine Autorin gut daran, den Widerspruch zu antizipieren und innerhalb eines Textes mit mehreren Stimmen, ja sogar mit sich selbst zu sprechen. Im Medium des Textes kann das Dichten und Denken daher Grade der Differenziertheit, der Vielfalt und der Tiefe erreichen, die der Erfahrung in nichts nachzustehen und sie manchmal sogar zu übertreffen scheinen. Aus den gleichen Gründen aber birgt jeder Text das Risiko des Scheiterns. Was im besten Fall Komplexitätsgenuss ermöglicht, fällt bei mangelhafter Ausführung nur allzu leicht unverständlich oder kompliziert, überladen oder unstimmig aus.

Fotos können misslingen, aber sie können nicht scheitern. Die Fotografie ist ein Medium des Rätsels und der Behauptung, nicht der Kommunikation. Und wie ihre Macht nicht schöpferisch, sondern dokumentarisch oder magisch wirkt, so kann ihr Wissen nicht nur Aufklärung stiften, sondern auch Mythen. Isoliert betrachtet, stellt jedes Foto, der kunstlose Schnappschuss wie das erhabene Galerieobjekt, den Betrachter vor Fragen. Sie können banal sein: Wer ist das? Wo ist das? Wann war das? Oder herausfordernd: Warum bannt dieser Anblick das Auge? Was genau zeigt er eigentlich? Woran erinnert er? Wie lässt er sich in Worte fassen? Jedenfalls will die Bedeutung eines einzelnen Fotos nicht nur verstanden, sondern auch gesucht werden.

In Serie gereiht oder massenhaft reproduziert, fordert die Fotografie dagegen weniger zur Interpretation auf als zum Glauben. Sie setzt dann eine Behauptung in die Welt, bekräftigt sie aber nicht wie das Buch durch eine Reihe von stabilisierenden Sätzen, sondern wie der Mythos durch endlose Variation und Wiederholung. Wenn sie hartnäckig an bestimmten Motiven festhält, wenn sie Blickwinkel und Hintergründe zementiert, wenn sie identifizierbare Stile ausbildet, dann beschwört die fotografische Magie, was sie nur darzustellen vorgibt, und macht dabei etwas sichtbar, während sie anderes verbirgt. Serielle Fotografie drängt sich auf, sie will gesehen und für wahr gehalten werden. Das Selfie zeigt Tag für Tag das eigene Gesicht und behauptet seinen Reiz; das Familienalbum zeigt Jahr für Jahr dieselben Personen und behauptet ihr Glück; das Werbeplakat zeigt Haltestelle für Haltestelle ein Massenprodukt und behauptet seine Einzigartigkeit; der Hochglanzkatalog zeigt Seite für Seite Gesichter, Gebäude und Landschaften und behauptet den Charakter einer Gruppe, eines Landes oder einer Region.

Weil die Fotografie, zumindest die analoge, nur abbilden kann, was wirklich vorhanden ist, fällt ihr die Täuschung leichter als jedem anderen Medium. Man kann Fotos nicht widerlegen. Man kann sie nur ignorieren – oder den Zauber ihrer Behauptung mit einem Gegenzauber erwidern. Definitionsprobleme sind der Fotografie fremd. Um etwas zu zeigen, muss sie ihre Objekte nicht eingegrenzt oder von anderen Dingen unterschieden haben. Vielmehr kann sie, genau umgekehrt, dem Gezeigten einfach einen Namen geben und ihm so zu einem Dasein verhelfen, das sich in der Wirklichkeit gerade nicht von selbst versteht.

Es ist also kein Wunder, wenn das Ruhrgebiet, während es die Dichter und Denker regelmäßig an den Rand der Niagara-Fälle treibt, zu einem Yukon River für Fotografen geworden ist. Sie müssen nur dem Lockruf der Region folgen. Deren Anblicke durch das Waschsieb ihrer Kamera rauschen lassen. Im Labor die schönsten Nuggets auswählen. Sie unter einem Titel vermarkten, in dem das Wort »Ruhrgebiet« vorkommt. Ein paar Scheine einstreichen. Wenn die Fotos, geometrisch sauber komponiert, soziale Normalität vor erhabener

Industriekulisse demonstrieren, wird das Honorar von einer lokalen Firma oder einer regionalen Organisation stammen; wenn sie, verstörend fluchtpunktlos, innerdeutsche Exotik vermitteln, aus dem Kölner oder Düsseldorfer Kunstbetrieb; wenn sie, verträumt und menschenfrei, Wasserschlösser im Frühnebel zeigen, von einem amerikanischen Milliardär mit westfälischen Wurzeln. Doch welche Bilderwelten die Ruhrgebietsfotografie auch immer erschafft, sie rennt jedes Mal offene Türen ein. Seit über hundert Jahren erlebt sie eine so ununterbrochene Konjunktur, dass man sich fragt, warum sie noch nicht zum Lehrberuf erhoben wurde (oder zum Studiengang an der Düsseldorfer Akademie). Die Bildbände über das Ruhrgebiet füllen jedenfalls inzwischen ganze Regalreihen.

Doch was sich dem einen Medium als Sujet geradezu aufdrängt, ist für das andere kaum zu verdauen. Der Historiker Dirk van Laak hat sich einmal die Mühe gemacht, die literarischen Annäherungen an das »Phänomen Ruhrgebiet« in einem umfangreichen Lektürebericht zusammenzutragen.[4] Er umfasst die Zeit von 1911 bis 1961, also die Jahrzehnte der voll entfalteten Montanindustrie, und liest sich wie eine Chronik des erwartbaren Scheiterns. Das Problem war ja immer das gleiche. Eine landschaftslose Region, die starke, geradezu »mythische« Vorstellungen hervorrief, ohne je eine administrative Einheit, eine gemeinsame Infrastruktur, eine architektonische Gestalt oder eine Kultur prägende Elite hervorgebracht zu haben, konfrontierte den Beobachter mit Wahrnehmungen, die sich in das zur Darstellung von Sozialräumen verfügbare Vokabular einfach nicht fügen wollten. Durch das »insistente Wiederkäuen der Frage, was das Ruhrgebiet eigentlich sei«, jagten daher, so van Laak, viele Texte schlicht einem »Trugbild« hinterher.[5] Nur in der Wahl des Irrwegs unterschieden sie sich. Landeten die einen in der Sackgasse der Definitionen, so die anderen im Hamsterrad der Beschreibungen. Während das journalistische und essayistische Schreiben in seinen Versuchen, die unterschiedlichsten Beobachtungen auf einen »Generalnenner« zu bringen, oft nur den vergeblichen »Willen offenbarte, etwas in seiner Gesamtheit zu begreifen«, mühte sich die im engeren Sinn literarische Prosa umgekehrt daran ab, »dem Begriff Ruhrgebiet einen repräsentativen Ausdruck« zu verleihen.[6]

Am wenigsten misslungen, so van Laaks Fazit, nähmen sich noch solche Texte aus, die versuchten, dem Phänomen gerade in seiner Widersprüchlichkeit gerecht zu werden.[7] Die auffällige Unterbrechung eines rhythmisch gegliederten Siedlungsraums etwa versuchten Komposita wie »Stadtschaft« und Antinomien wie »weder Stadt noch Land«, »Land, das eine Stadt ist«, oder »Land der Städte« einzufangen. Aber auch wortreichere Versuche, den »chaotischen« Charakter der Region zu erfassen, wurden gewagt, und auch wenn der ganz große Wurf nie gelang – die literarischen Kraftakte, die es bewusst auf sich nahmen, das Unbestimmbare zu bestimmen und das Unvereinbare unter das Dach einer Beschreibung zu zwängen, »ließen sich noch am ehesten mit der Realität in Einklang bringen«.[8] In jüngster Vergangenheit ist zu diesen Versuchen eine Reihe großartiger kleiner Romane hinzugekommen. Das Ruhrgebiet hat Frank Goosen, Ralf Rothmann und ein paar andere Könner hervorgebracht. Aber das Jahrhundertepos lässt weiter auf sich warten. Die Nobelpreisträger waren eben nur auf der Durchreise da.

//

Einen Nachteil hat die Fotografie allerdings gegenüber dem Schreiben, zumindest die analoge. Weil sie nur zeigen kann, was wirklich erscheint, ist sie rettungslos der Gegenwart ausgeliefert. Eine Kamera mag schärfer sehen als das Auge, aber auch ihre Wahrnehmung ist auf die Präsenz realer Lichtwellen angewiesen. Texte dagegen können sich Visionen leisten. Denn wie kein anderes Medium kennt die Schrift den Möglichkeitssinn. Der erste Ausweg aller Autoren, die sich an der Unbestimmtheit des Ruhrgebiets abgearbeitet haben, lag (und liegt) daher in der Imagination seiner Zukunft. Wo sie sich im Hier und Jetzt vergeblich mühten (und mühen), den flüchtigen Referenten namens Ruhrgebiet zu fassen, da konnten (und können) sie jederzeit mühelos behaupten, dass man nach ihm irgendwann nicht mehr fahnden muss, weil sein Dasein dann genauso fraglos geworden sein wird, wie es das von Bielefeld, Paris oder Oberbayern heute schon ist. Dass das Ruhrgebiet als greifbare Einheit nicht existiert, hieß (und heißt) dann ausbuchstabiert: Es existiert *noch* nicht.

Wer den unscheinbaren Zeitpartikel »noch« plus Verneinung als Suchschablone über einschlägige Ruhrgebietstexte legt, kann fast immer mit fetter Beute rechnen. Allein in Bölls Reportage findet sich der rhetorische Ausgriff auf die Zukunft so häufig, dass kaum alle Stellen zu belegen sind. So heißt es zum Beispiel, »von Stadt« hätten die Großstädte hier »*noch nichts*«, während die kleineren Städte und die »ineinander- und aneinandergekoppelte[n] Dörfer« »nur Vorstädte einer City seien, die es *noch nicht* gibt« und deren junges Alter es mit sich bringe, dass sich »*noch nicht* der kostbare Stoff abgelagert [hat], der Ehrfurcht gebietet: [sie haben noch] keine Patina« usw.[9] Wie zentral diese zeitliche Verlagerung in die Zukunft für Bölls Blick auf das Ruhrgebiet ist, zeigt sich auch an einer Königsstelle seines Textes. In voller Länge lautet dessen oben bereits zitierte Anfangspassage nämlich so:

> Das Ruhrgebiet ist *noch nicht* entdeckt worden; die Provinz, die diesen Namen trägt, weil man keinen anderen für sie fand, ist weder in ihren Grenzen noch in ihrer Gestalt genau zu bestimmen; das Wort Ruhr hat sowohl mythischen Beiklang wie den Unterton begrifflicher Sprödigkeit.[10]

Im Modus des Noch-nicht verwandelt sich die Unbestimmtheit der Gegenwart in einen Stoff der Einbildungskraft, die frei ist, sich dessen zukünftige Gestalt nach Belieben auszumalen. Doch wo das Belieben herrscht, ist die Willkür nicht fern. So entwirft Bölls Zukunftsrhetorik das Ruhrgebiet ja einerseits recht unoriginell als eine werdende »City«, die sich von anderen Großstädten nur durch ihr »jugendliches« Alter unterscheidet. Vielleicht durchlaufe, deutet Böll an, das Ruhrgebiet lediglich einen Entwicklungsprozess, den etwa die ehemalige Reichshauptstadt Berlin, durch weiträumige Eingemeindungen zur Metropole Groß-Berlin arrondiert, bereits 1920 vollendet habe.[11] Diese Perspektive glich der des Siedlungsverbandes, der – ebenfalls 1920 – nach dem Vorbild des Zweckverbandes Groß-Berlin gegründet worden war. Wenn der SVR auch keines seiner hochgesteckten Ziele erreichte, so prägte sein technokratischer Optimismus doch einen Diskurs über das Ruhrgebiet, in dem eine chaotische, lebensunfreundliche Gegenwart ihr Gegenbild in den Ordnungsvisionen der Raumplaner und Stadtentwickler fand. Wir werden darauf zurückkommen.

Neben diesen eher konventionellen Andeutungen spielt Böll aber auch auf einer Zukunftsklaviatur, die über alle noch so kühnen Entwürfe hinausgreift und entsprechend nebulös klingt. So meint die Behauptung, das Ruhrgebiet sei »noch nicht *entdeckt* worden«, ja etwas anderes als die Behauptung, es habe sich noch nicht vollständig *entwickelt*. Die koloniale Metaphorik hält die Unstimmigkeit der beiden Aussagen zwar rhetorisch zusammen, ihre nähere Bedeutung bleibt aber in der Schwebe. Doch während die Vermutung, das Ruhrgebiet müsse nur nachholen, was andernorts bereits Realität sei, eher beiläufig fällt, wird seine kategoriale Andersheit auch im Hinblick auf die Zukunft in bedeutungsschweren Sätzen verkündet. »Die Maßstäbe«, so heißt es an einer Schlüsselstelle des Textes, »mit denen das Ruhrgebiet zu messen wäre, gibt es *noch nicht*; keinesfalls gelten die überkommenen.«[12] Was es da womöglich zu entdecken gäbe, welche ungeahnten Maßstäbe gemeint sein könnten, ja, ob ein noch nicht existierender Maßstab –

im Gegensatz zu einer noch nicht vorgenommenen Messung, auf deren Ergebnis man ja zum Beispiel eine Wette abschließen kann – sich überhaupt widerspruchsfrei denken lässt, bleibt völlig offen.

//

Doch gerade in dieser Offenheit kommt das Ruhrgebiet auf eine paradoxe Weise zu sich selbst: als Projektionsfläche, als weiße Leinwand für die Pinsel der Phantasie. Wo der Zauber der Fotografie seiner schon vorhandenen Wirklichkeit tausend Gestalten verleiht, da kann das Ruhrgebiet im Medium des Textes fast alles werden, was es gegenwärtig noch nicht ist. Und so, wie die Gegensätze von Stadt und Land, von Industriemoloch und Heimat, von Faszination und Hässlichkeit die jeweilige Aktualität der Region ausmachen konnten, so war (und ist) auch die Vorstellung ihrer Zukunft (bis heute) voller Widersprüche. Lag sie für die einen in einer exzentrischen Gestalt, die alle Konvention sprengt, so für die anderen mit genau entgegengesetzter Stoßrichtung in einer Normalität, die es hier endlich »so wie überall« aussehen ließe. Dabei schwankten die Ziele zwischen einem Utopismus, der von schwarz-grünen Symbiosen aus Förderanlagen, Veredelungsfabriken, hochmoderner Infrastruktur und waldumkränzten Mustersiedlungen träumte, und einem Pragmatismus, der schon eine simple Straße zwischen Duisburg und Dortmund, den sogenannten Ruhrschnellweg, als Triumph der Regionalplanung über den Wildwuchs der Bahntrassen und Feldwege feierte.

Parallel zu diesen Ordnungsplänen etablierten sich mit der Zeit aber auch Selbstentwürfe, in denen sich – unbesehen der schwerindustriellen Realität – schon das anderswo Selbstverständliche wie eine Utopie ausnahm. Das Ruhrgebiet wurde dann etwa, so machbar wie bieder, als ein Hort des Kulturgenusses imaginiert oder, so illusorisch wie erschütternd, als ein Reiseziel für Touristen. »Fast scheint es«, glossierte der Journalist Hansferdinand Döbler entsprechende Imagekampagnen, »als wollten die Hersteller der Prospekte es der Werbung von Seebädern und Kurorten gleichtun.« Und er parodierte den angestrengten Willen zur Gediegenheit, indem er einen fiktiven Reisenden seiner Frau über Wanne-Eickel berichten lässt: »Du hättest sogar ein weißes Kleid tragen können ...«[13].

Seit dem Beginn des sogenannten Strukturwandels haben die Visionen sogar noch an Dringlichkeit gewonnen. Kaum weniger kühn, schwanken die Entwürfe nun aber weniger zwischen Utopie und Pragmatik als zwischen Größenwahn und Panik. Was es einst zu entwickeln und dann zu retten galt, das müsse sich, so der Tenor, nun zuerst am eigenen Schopf aus dem Sumpf ziehen und dann als »Metropolregion« von internationaler Strahlkraft komplett neu erfinden. Dabei scheint das Ruhrgebiet trotz der extremen Monokultur, der es zuerst all seine Macht verdankte und dann fast all seine Probleme, auch nach dem Ende der Montanindustrie nur im Zeichen eines einzigen Wirtschaftszweiges vorstellbar. Die Region, die einmal das »Kohlerevier« und der »Ruhrkohlebezirk« war, soll sich dann wahlweise in eine Dienstleistungsmetropole, eine Kulturmetropole, eine Energiemetropole, eine Wissenschaftsmetropole, eine IT-Metropole oder eine Gesundheitsmetropole verwandeln[14], gerne ergänzt – wenn noch Platz auf der Visitenkarte ist – um den Titel einer bewunderten »Modellregion«. Und es sprechen zumindest keine prinzipiellen Gründe dagegen, dass man sein Glück nicht auch als Fußballmetropole, als Klimametropole, als Migrationsmetropole oder als Was-auch-immer-beim-Ideenwettbewerb-herauskommt-Metropole versuchen könnte.

Je weiter weg von der lokalen Empirie, um nicht zu sagen: je philosophischer der Kopf des Visionärs, desto revolutionärer fällt die Zukunft aus. Erst nach der vollständigen Entmachtung der Energiekonzerne und »Subventionsfürstentümer«, meint etwa Peter Sloterdijk, könne sich im Zeichen einer radikalen Energiewende ein »wirklicher Strukturwandel« vollziehen.[15] Als ließe sich die Geschichte des Ruhrgebiets nicht als eine Chronologie von Planungsdesastern erzählen, steht für ihn mit dessen Zukunft nichts weniger auf dem Spiel als das Schicksal des gesamten Erdballs. Weltenschöpfer müssen nicht auf die Bewilligung von Fördermitteln warten. Höflich um seine Meinung gefragt, empfiehlt der Philosoph daher die sofortige Einrichtung eines universalen Modellprojekts zur Erneuerung der Demokratie, zur Abwehr der Klimakatastrophe und zur Rettung der Menschheit. »Man müsste das Ruhrgebiet«, rät Sloterdijk, »zu einer paradigmatischen postfossilen und postindustriellen Region umbauen, der weltweit eine Vorbildfunktion zukommen könnte. [...] Von hier aus wäre zu zeigen, dass es möglich ist, die gefährliche

Liasion demokratischer Gesellschaften mit den riesenhaften quasi-mesopotamischen Stromdespotien aufzulösen.«[16] Man kann nur hoffen, dass der Philosoph eine Telefonnummer kennt, unter der sich so ein Umbau in Auftrag geben ließe.

Deutlich verspielter, aber auch viel gründlicher als der Modellvirtuose Sloterdijk widmet dessen Kollege Eilenberger dem »Zukunftsfenster« des Ruhrgebiets gleich ein ganzes Kapitel seines Buchs. In programmatischer Entgrenzung der eigenen Vorstellungskraft schwanken darin die Visionen zwischen leicht alkoholisiertem Tagtraum und dystopischem Idyll.

Überließe man die Hinterlassenschaften der Montanwirtschaft sich selbst, fiele die Renaturierung des einstigen Kohlereviers extrem aus. Nicht nur drängen mit dem Wald auch Bussard, Fuchs und Wildschwein in die ehemaligen Industriebezirke ein, ohne die ewige Arbeit der Pumpen flösse in die gigantischen Hohlräume der stillgelegten Gruben auch so viel Niederschlagswasser, dass es die Region zu gut einem Fünftel überfluten würde. Mögen andere ein solches Szenario katastrophal nennen – den Philosophen reizt es zur Dialektik. Angeregt von einer sommerlichen Bootspartie auf der Ruhr, überlässt Eilenberger seiner Phantasie nämlich die Frage, wie diese romantische Flusslandschaft wohl aussähe, sollte sie sich dereinst in eine gigantische Seenplatte verwandelt haben. Die Kormorane, schon seit Jahrhunderten Bewohner der Ruhrauen und heute bei Kettwig noch in kleiner Kolonie zu bestaunen, hätten den Menschen, so die Pointe, als charakteristische Gattung des Reviers verdrängt. »Seht«, so spricht das Ruhrgebiet durch die philosophische Einbildungskraft,

> wir geben ein ganzes verheertes Raubbaugebiet dem großen Werden zurück! Und zwar nicht im Zeichen der Brieftaube, diesem Leinenhund der Lüfte, und auch nicht im Zeichen des Kanarienvogels und seines todesnahen Verstummens, nein, wir tun es im Zeichen des grau-schwarz schimmernden Kormorans: des wahren Vogels und Hüters dieses Reviers. Besagtes Projekt eines post-anthropozänen Modellgebiets Ruhr wäre natürlich mit einer nachhaltigen Ausschleichung der dort ansässigen Menschen verbunden sowie dem sukzessiven Einstellen allen Steuerns und Eingreifens, selbst des Schützens und Bewahrens – sowie natürlich des Abpumpens. [...] In diesem neuen »Revier des Meerraben« wäre dem Menschen allenfalls in kleinen Sippen und Kolonien eine eher nomadisierende Ansiedlung erlaubt. Und sein Wirtschaften wie bei indigenen Naturvölkern ganz auf die nachhaltige Deckung leiblicher Grundbedürfnisse beschränkt. [...] Tausend Flussgeister tanzen in der Sonne. Ich wage es nicht, die Kormorane mit meiner Moment-Vision zu behelligen. Genauso wenig wie meinen Kapitän. Dafür ist dieser Augenblick viel zu unschuldig. Und unsere Fahrt ihrem Ende viel zu nah.[17]

Der Schriftsteller muss dem Philosophen neidlos zugestehen: Die Einheit des Ruhrgebiets durch eine Genealogie seiner Vögel zu symbolisieren, trägt den Keim großer Dichtung in sich. Kanarienvogel, Brieftaube, Kormoran – so könnten in der Tat die Überschriften eines dreiteiligen Jahrhundertromans lauten. Für Eilenberger bildet die Trias am Schluss seines Essays aber immerhin das Emblem eines vergnüglichen Wimmelbildes, auf dem die Menschen eines weiterhin bevölkerten Ruhrgebiets in nicht allzu ferner Zukunft unter der Flagge der Olympischen Ringe vereint sind:

Im olympischen Dorf mit eigenem Magnet-Schwebe-Bahnhof, gleich einem luftigen Wohnband direkt über die A 40 gespannt, wird also die Jugend der Welt im Jahre 2040 über Wochen einen weltoffenen Pott-Luck feiern. Jeder und jede bringt seine und ihre Spezialität nach Essen mit. Alle werden an den Gaben der anderen satt. So wie schon 2010, zur mirakulösen Autobahnspeisung der Hunderttausend, als der eigentlich erinnernswerten Love Parade des Reviers. Im Endspiel des olympischen Frauen-Fußball-Turniers wird Ajala Rothmann-Goosen aus Selm (she/they), seit Jahren schon Star des Super-League-Serien-Siegers Westfalia Herne, unter nicht enden wollendem Jubel das deutsche Team mit einem wuchtigen Volleyschuss zum Titel geschossen haben. Direkt im Anschluss an eine Live-Lese-Performance der Bottroper Protokolle in allen großen Weltsprachen würde bei der Abschlusszeremonie im Ruhrstadion, das wirklich wieder so heißt, ein greiser Herbert Grönemeyer in buddhistischer Mönchskutte seine Karriere mit »Currytofuwurst« beenden, um dann als Zugabe sich und uns allen noch ein letztes Mal »Bochum« zu gönnen (obwohl es mit den Verantwortlichen des WDR eigentlich anders besprochen war). Über der Arena tanzt derweil ein freies Flugballett aus Kormoranen, Kanarienvögeln und KI-Drohnen in Brieftaubengestalt, bis die parteilose Bundeskanzlerin Luisa Neubauer-Goretzka die Spiele mit dem Simone-Weil-Zitat »Denn nie wird eine Handlung ausgeführt, wenn die Beweggründe fehlen, die imstande sind, die unerlässliche Energie dafür zu liefern« für beendet erklärt. Das Feuer erlischt. Und die Sonne des Reviers steigt ein weiteres Mal hinab, um bei seinen Göttern neue Kraft zu schöpfen.[18]

Wer jahrzehntelang an der Zukunft des Ruhrgebiets gearbeitet hat, weiß allerdings, wie klein die Brötchen sind, von denen sich die Phantasie hier nähren muss. Zumindest wenn sie realistisch bleiben will. Und so blickt der gestandene Sozialdemokrat Bodo Hombach – wie sein großer Parteigenosse, der Sturmflutsenator und Stagflationskanzler Helmut Schmidt, allergisch gegen alle »Visionen« – eher pragmatisch auf die Potenziale eines Ballungsraumes, in der noch jedes Pilotprojekt zu erbitterter Standortkonkurrenz geführt hat und selbst die Einrichtung eines regionalen Verkehrsverbundes bisher an der Kirchturmpolitik der Kommunen gescheitert ist:

Wir müssen an die Stelle von verbalen Einheitsbeschwörungen tatsächliche Kooperation setzen. [...] Das ist die Stunde der Wahrheit. Kann der Nahverkehr so gestaltet werden, dass er die Region integriert? Wir können über stärkere Kooperation und Arbeitsteilung zu einer realen Perspektive kommen. Wenn wir für diesen Ansatz die positiven Erfahrungen der Kulturhauptstadt nutzen und uns auch den finanziellen Erfordernissen beugen, kann auf Basis der Städte und Kommunen eine echte Metropole Ruhrgebiet entstehen. Ich sehe aber keine Chance für ein Modell wie die Ruhrstadt. [...] Man muss, wovon man träumt, auch erreichen können.[19]

Was dem Philosophen die Vision und dem Politiker der Realismus, das ist dem Historiker die Skepsis. Wir haben bei Dirk van Laak schon eine Kostprobe davon bekommen. Doch während dessen Lektürebericht über eine Literatur, die ihren Gegenstand wie ein Phantom jagt, die ironische Spielart der Skepsis verkörpert, hat sein Kollege Ulrich Herbert sie im Gestus schonungsloser Sachlichkeit forciert. Nach der Abwicklung der Montanindustrie, so die Pointe eines Vortrags auf Zeche Zollverein, sei es ein Irrweg, auch zukünftig auf die Dominanz nur einer Branche zu setzen.[20] Aber worauf dann? Herberts Antwort: auf funktionale Differenzierung. Warum soll nicht, so ließe sich ja tatsächlich fragen, der eine Standort Halbleiter herstellen, der andere Pumpensysteme, dieser klimasensible Architekten ausbilden, jener Hauseigentümer gegen die Risiken des Klimawandels versichern? Was nüchtern und plausibel klingt, wäre in seinen Konsequenzen für das Ruhrgebiet jedoch dramatisch. Betriebe jede post-montanindustrielle Stadt ihre eigene Allokations- und Gewerbepolitik, würde das ja nichts weniger bedeuten als das Ende einer Wirtschaftsregion, deren Einheit seit dem Beginn des Strukturwandels immer wieder händeringend, bleistiftkratzend und bildbandfüllend herbeigebetet worden ist. Und in der Tat, packt man die Frage nach der Zukunft des Ruhrgebiets an ihrer ökonomischen Wurzel, ist Herberts Schluss kaum abzuweisen: »Die aussichtsreichste wirtschaftliche Perspektive des Ruhrgebiets, so kann man zugespitzt formulieren, besteht in seiner Auflösung.«[21] Das Noch-nicht des Ruhrgebiets, lautet also das erste Zwischenfazit, ist so radikal unbestimmt, dass es nicht nur alle möglichen Entwürfe seiner kommenden Gestalt umfassen kann, sondern sogar seine zukünftige Nichtexistenz.

ERSTER HAUPTSATZ
FOREVER

Der Versuch, eine »Geschichte des Ruhrgebiets« zu schreiben, wäre vom ersten Satz an zum Scheitern verurteilt. Wo Siedlungsraum und geologische Formation nicht zur Deckung kommen, wo nichts von Menschen Gegründetes, wo keine Institution, keine Organisation, keine Lebensform, keine Kultur je von Dauer war, da gibt es auch nichts, dessen Entwicklung und Wandel man beschreiben könnte. Genauso unbestimmt wie Gestalt und Grenzen der Region müssen daher auch Anfang und Ende ihrer Geschichte bleiben. Wollte man jedoch von typischen Phänomenen und Erfahrungen erzählen, die so nur im Ruhrgebiet möglich waren, böten sich als Ausgangspunkt die Jahre um 1890 an. Eine solche Erzählung wäre, wir werden darauf zurückkommen, durchaus mit den Mitteln der Geschichtsschreibung zu leisten. Aber eigentlich ist der Stoff wie gemacht für die Erzählformen des Epos. Auf den großen Mehrgenerationenroman über das Ruhrgebiet müssen wir zwar weiterhin warten – aber wie hier die Fotografie dem Diskurs immer schon voraus war, so gibt es immerhin einen beachtlichen Versuch, das Revier zum Gegenstand einer epischen Filmerzählung zu machen.

Klaus Emmerichs 13-teilige Fernsehserie *Rote Erde*

(1983/89) beginnt im Sommer 1887. Bruno Kruska, ein Bauernsohn aus Pommern, purzelt aus einem Planwagen auf den ungepflasterten, schmutzigen Boden vor den Toren der (fiktiven) Zeche *Siegfried*, mitten hinein in eine Horde Bergarbeiter – und in ein Leben, das die Epoche einer beispiellosen sozialen und ökonomischen Dynamik, aber auch einer ungesehenen Gewalt gegen Mensch und Natur umfassen wird. Es sind diese letzten Jahre des 19. Jahrhunderts, in denen die entfesselten Kräfte der Hochmoderne in einer Umwälzungsarbeit ohnegleichen aus einer bäuerlichen Welt mit eingestreuten Fördertürmen und Schloten den so verstörend fotogenen Moloch namens Ruhrgebiet formen werden.

Seit der Veröffentlichung von Heinrich Bölls Reportage sind 65 Jahre vergangen. Zieht man die gleiche Spanne von ihrem Erscheinungsjahr 1958 ab, landet man in genau jener Zeit, in der die fossilen Dämonen sich aus ihren Kerkern befreiten, um Äcker und Wälder in Halden, Fabrikanlagen, Kolonien und Kohle zu verwandeln, Kohle in Stahl, Stahl in Kanonen, Kanonen in Geld, Geld in Kitsch und Kapital, Kapital in Ambition, Ambition in Verbrechen, Ernte in Lohn, Bauern in Rentiers, Bauernsöhne in Arbeiter, Arbeiter in Fußballspieler, Arbeiter in Soldaten, Soldaten in Tote, Soldaten in Krüppel, Soldaten in Veteranen, Veteranen in Arbeiter, Arbeiter in Parteimitglieder, Arbeiter in Betriebsräte und Arbeiter in Funktionäre.

Historisch gesehen, liegt Bölls Text also ziemlich genau in der Mitte zwischen der Formierungsphase jener mächtigen Wirklichkeit, für die in den 1920er-Jahren der Name »Ruhrgebiet« aufkam, und unserer Gegenwart. Das wäre kaum der Rede wert, ließe sich 1958 nicht auch als Zäsur begreifen – als ein Einschnitt, der aber zugleich ein Scharnier war. Denn dieses Jahr trennte nicht nur ein Ende von einem Anfang, es markierte auch den Anfang eines Endes. Und während es die Zeit zerschnitt, spiegelte sich in ihm eine Zeiterfahrung. Doch blicken wir, bevor wir uns dem Spiegelschnitt widmen, zunächst noch einmal zurück.

//

1926 erschien in der *Frankfurter Zeitung* eine Reportage des Schriftstellers Joseph Roth, der nicht nur ebenfalls zur Großfamilie der schreibenden Ruhrgebietsbesucher gehört, sondern auch zum exklusiven Kreis der ganz Großen, die nie den Nobelpreis bekamen. Roth schildert das Ruhrgebiet, wenig überraschend, als jene überwältigende Industriewelt, die im mittleren Kaiserreich Gestalt angenommen hatte und sich in den Boomjahren der jungen Bundesrepublik machtvoller als je zuvor entfalten sollte. Alle Motive, die wir aus Bölls Reportage kennen, tauchen hier schon auf: der Kontrast zwischen Innen und Außen, der Mangel an Himmel, Wolken und Sonne, die unfertigen Städte, die verstörende Hässlichkeit, der mythische Charakter der Montangiganten. Doch wie anders liest sich der Text, den Roth aus ihnen webt! Er beginnt so:

Hier ist der Rauch ein Himmel. Alle Städte verbindet er. Er wölbt sich in einer grauen Kuppel über dem Land, das ihn selbst geboren hat und fortwährend neu gebärt. Wind, der ihn zerstreuen könnte, wird vom Rauch erstickt und begraben. Sonne, die ihn durchbohren möchte, wehrt er ab und hüllt sie in dichte Schwaden. Als wäre er nicht erderzeugt und sein Wesen nicht vergänglich, erhebt er sich, erobert himmlische Regionen, wird konstant, bildet aus dem Nichts eine Substanz, ballt sich aus Schatten zum Körper und vergrößert unaufhörlich sein spezifisches Gewicht. Aus ungeheuren Schornsteinen zieht er neue Nahrung heran. Sie dampft zu ihm empor. Er ist Opfer, Gott und Priester. Milliarden kleiner Stäubchen atmet er wieder aus, er, ein Atem. Indem man ihn erzeugt, betet man ihn an. Man erzeugt ihn mit einem Fleiß, der mehr ist als Andacht. Man ist von ihm erfüllt.[1]

Roth versucht gar nicht erst, das Ruhrgebiet auf einen Begriff zu bringen. Aber er bringt es eindrucksvoll zur Anschauung. Und das gelingt ihm, weil er die beobachteten Phänomene, so deutlich er sie auch an anderer Stelle von ihrer Umwelt unterscheidet, konsequent aus der Innensicht erfasst. Es sind nur Nuancen, die seine Schilderung von der Bölls trennen. Aber wo die Kleinigkeiten sich beim einen zu literarischem Treibsand summieren, da tragen sie beim anderen den ganzen Text. Statt von der leidenden Sonne, die man nicht scheinen lässt, geht Roths Blick umgekehrt vom Rauch aus, der sich ihr aktiv in den Weg stellt. So kann dieser nicht nur sein, was er ist, und dabei bemerkenswert präzise beschrieben werden, er erscheint auch als Sinnbild einer Einheit, die sich weniger durch Grenzen oder Definition umreißen als in roher Sinnlichkeit erfahren lässt. Indem er über den Städten schwebt, die weder zu sich selbst noch zueinander finden, gelingt dem Rauch, was kein Politiker, kein Regionalverband, keine Partei je schaffen wird: eine Verbindung des Unverbundenen. Und so ist er auch kein »Ersatz« für die Wolken am Himmel – er ist *selbst* ein Himmel. Wo Bölls horizontaler Blick aus dem Ruhrgebiet eine Transitzone macht, die das Kontinuum der lieblichen Normalität für die Dauer einer Zugfahrt unterbricht, da wird es in Roths vertikaler Sichtachse zu *einem* Himmel unterm Himmel – und damit zu einer eigenen Welt in der Welt.

Die Frage, wie realistisch diese Überbetonung einer einzelnen Erscheinung ist, wird ihrer poetischen Qualität nicht gerecht. Anders, als Dirk van Laak es für viele Ruhrgebietstexte konstatiert, ist der Rauch hier kein »bloß illustratives Stilmittel«, das am Ende mehr über die Bildgewalt der Erinnerung als über die gemeinte Wirklichkeit verrät. Und er ist auch nicht nur ein Topos, der sich zur Beschreibung dieser Wirklichkeit verselbstständigt hat. Vielmehr ist der Rauch bei Roth ein echtes Symbol: ein – mit Ernst Cassirer gesprochen – »prägnantes«[2] Zeichen, das nicht nur eine Sache repräsentiert, sondern eine ganze Welt in sich birgt. Doch der Rauch wird nicht nur so beschrieben, wie er erscheint; und die ihm inhärente Welt ist nicht nur die Einheit einer Region im Zeichen der Schwerindustrie. Als Symbol steht er auch für die ewige Dauer eines Seins, das sich im Vergehen erneuert. Roths präzise Bildsprache lässt an der Flüchtigkeit des Phänomens keinen Zweifel. Der Rauch wird »erzeugt«, »geboren« und »genährt«, er »atmet«

und ist daher so »vergänglich« wie das Leben, das seiner Beschreibung zum Vorbild dient. Doch weil Erzeugung und Geburt, Atmen und Nähren sich »fortwährend« und »unaufhörlich« wiederholen, ist er zugleich »konstant«. So wird das an sich Flüchtige zur »Substanz«, die mit sich selbst im Wandel identisch bleibt.

Die im Rauch symbolisierte Ewigkeit des biochemischen Stoffwechsels ist ein poetisches Pendant zur absoluten Gegenwart der Fotografie. Und der Schlüssel passt, dieses literarische Bild wird dem Ruhrgebiet – zumindest in seiner damaligen Gestalt – wirklich gerecht. Doch anders als die Fotografie, die nur zeigen kann, was sich zeigt, können die Bilder der Dichtung einander auch kommentieren und befragen. Sie können vom Protagonisten zur Kulisse werden, vom Text zum Kontext. Und so ist das »Leben« des Rauchs für Roth kein darstellerischer Selbstzweck, sondern auch Metapher einer Macht, der sich das reale Leben längst unterworfen hat. Denn was sind die Menschen des Ruhrgebiets? »Bewohner des Rauchlands« sind sie, »der großen Rauchstadt, Gläubige des Rauchs, Arbeiter des Rauchs, Kinder des Rauchs«. Und es besteht für Roth kein Zweifel, dass dieser allmächtige Herrscher es nicht gut meint mit seinen Untertanen:

Man fährt nach Oberhausen, von da nach Mülheim, von da nach Recklinghausen, nach Bochum, nach Gladbeck, nach Buer, nach Hamborn, nach Bottrop. Rauch über der Welt! Kein Himmel, keine Wolke! Regen, der aus Rauch kommt. Schwarzer Regen. Hundert Schornsteine, aufgestreckte Zeigefinger,

Säulen des Rauchhimmels, Altäre des Gottes Rauch. Schienen auf der Erde, korrespondierende Drähte in der Luft. Eine einzige grausame Stadt aus Stadthäufchen, aus Städtchengruppen. Dazwischen läuft eine eingebildete Landesgrenze. Aber darüber wölbt sich ein einheitlicher Himmel aus Rauch, Rauch, Rauch.[3]

//

Wenn Roth hier Mensch und Technik mit den Mitteln der Literatur spiegelbildlich verschränkt, dann greift er dabei auf ein Leitmotiv des wissenschaftlichen Diskurses im 19. Jahrhundert zurück. Nachdem sich das Industriezeitalter voll entfaltet hatte, konnten die Produktionsverhältnisse des Kapitalismus nämlich genauso in der Sprache der Biologie beschrieben werden wie das organische Leben in der Sprache der Physik. Die neue medizinische Leitdisziplin der Physiologie etwa zerlegte den menschlichen Körper in Funktionskreisläufe, die sich durch physikalische Größen wie Kraft, Druck, Arbeit, Leistung und Energie theoretisch modellieren ließen. Und bei Karl Marx, dessen ökonomische Theorie vom thermodynamischen Leitbegriff der »Arbeit« ausgeht, während er den menschlichen Arbeitsprozess als »Stoffwechsel mit der Natur« definiert, findet die Verschränkung von physikalischen und biologischen Modellen einen geradezu klassischen Ausdruck.[4] Doch gerade Marx wusste, dass der ökonomische Austausch zwischen Mensch und Natur in der Industriegesellschaft keine stabile Symmetrie mehr etabliert. Im Gegenteil, nachdem der einst »wilde« Mensch sich von der

Gewalt der Natur emanzipiert hat, stellt er den »Zivilisierten« nun erneut vor eine Machtfrage:

> Mit seiner [des Zivilisierten] Entwicklung erweitert sich dies Reich der Naturnotwendigkeit, weil die Bedürfnisse sich erweitern; aber zugleich erweitern sich die Produktivkräfte, die diese befriedigen. Die Freiheit in diesem Gebiet kann nur darin bestehen, dass der vergesellschaftete Mensch, die assoziierten Produzenten, diesen ihren Stoffwechsel mit der Natur rationell regeln, unter ihre gemeinschaftliche Kontrolle bringen, statt von ihm als einer blinden Macht beherrscht zu werden; ihn mit dem geringsten Kraftaufwand und unter den ihrer menschlichen Natur würdigsten und adäquatesten Bedingungen vollziehen.[5]

Befreit sich der Mensch mithilfe seiner Technik von den Zwängen der Natur, oder wird die Entfesselung der Naturkräfte ihn zum Sklaven seines eigenen Fortschritts machen? Wird die Zukunft im Sinne dieser Alternative düster oder blühend sein? Diese Schlüsselfrage des Industriezeitalters, die Marx 1868 in *Das Kapital* mit Blick auf die englischen Verhältnisse formuliert hatte, bekam seit der Jahrhundertwende, insbesondere nach den Rüstungsexzessen des Ersten Weltkriegs, auch im Ruhrgebiet eine ungeahnte Dringlichkeit.

An ihr scheiden sich die Geister – und die Gattungen.

Die Literatur, sofern sie genau beobachtet, ist ästhetisch fasziniert von einer Industriewelt, deren Stoffwechselvorgänge jedes Maß vermissen lassen. Dabei kann der Metabolismus des Lebens, die ewige Verwandlung der Materie durch ihren Konsum, wie bei Joseph Roth zur Metapher werden. Er kann aber auch ganz wörtlich gemeint sein, wie etwa bei dem Journalisten Heinrich Hauser, der gut situierte Ruhrgebietsmenschen bei der Nahrungsaufnahme beschreibt:

> Acht Uhr: Die bürgerlichen Lokale füllen sich. Das ist ein fettes und behäbiges Bürgertum hier im Revier. Es ist nicht im geringsten großstädtisch, ein schwerer, bäuerisch zufriedener Menschenschlag. Schweres Essen, schweres Getränk. Riesenportionen einer Nahrung, die sich ohne viel Mühe des Beißens und Kauens in den Bauch legen lässt. Weiches, gekochtes Fleisch, rot, ohne blutig zu sein, das sich wie Gelee vom Knochen löst. Eisbein. Fette, talgige Suppen. Bier der lokalen Brauerei […] eine[r] kommunale[n] Einrichtung, von der Gebrauch zu machen wie eine Betätigung von Patriotismus ist.[6]

Fast zeitgleich wird in Erik Regers *Union der festen Hand*, einem fesselnden Zeitroman über die Revolution im Revier, der maßlose Konsum zur unheilschwangeren Parabel. Doch ist es kein bürgerliches Fleischfressen, das hier beschrieben wird, sondern die Rache des gefräßigen Proteins an den Gärten der Bourgeoisie. Der Roman beginnt im Frühjahr 1918, als in der Stadt des Ruhrbarons Risch-Zander – unschwer als Musterexemplar aus dem Hause Krupp von Bohlen und Halbach zu erkennen – eine »außerordentliche« Ruhe herrscht, »die nicht das Gegenteil von Unruhe, sondern ein Ersatz für Unruhe war, eine nicht zum Ausbruch gelangte oder unterdrückte oder sonstwie verhinderte Unruhe«.[7] Frontsoldaten ohne Urlaubsschein durchziehen die Region, Gerüchte von Fahnenflucht und bewaffnetem Aufstand machen die Runde. Die Nahrungsknappheit zwingt zum Gemüseanbau. Doch was als Notlösung gedacht ist, gerät unversehens zu einem Sinnbild der Rettungslosigkeit:

Seit Menschengedenken hatte es nicht so viele Raupen und Läuse gegeben wie in diesem Kriegsjahr. Viele erblickten darin eine vom Himmel gesandte Plage, durch welche den darbenden Menschen die letzte Nahrung noch weggezehrt wurde; andere brachten es mit einem Wechsel in den astronomischen und meteorologischen Verhältnissen in Verbindung, der durch die vielen Kanonenschüsse verursacht sein sollte; manche glaubten auch, daß das Ungeziefer nur deshalb überhandnehme, weil sich jetzt so viele Leute, die nichts davon verstünden, mit Gartenbau beschäftigten.[8]

Eine Seite zuvor hat der Erzähler die Plage mit genüsslicher Drastik beschrieben:

In den Vorgärten der Villen, wo sonst Nelken und Gladiolen blühten, fraßen die flaumigen, schwarz und gelb gescheckten Raupen den Wirsingkohl, und die schwarzen Läuse saugten das Mark der Bohnen aus. Die Raupen klebten an den Rändern und Einkerbungen des Wirsings, dessen Blätter von vielen

Adern, Warzen und dunklen Runzeln zerspalten waren; unten mit den Bauchfüßen festgeklammert, den Kopf nach oben herumgebogen, staken sie wie Krampen fest. Mit den bärtigen Oberlippen bissen sie an und zermalmten zwischen einer Unzahl von Kiefern und Kauladen das wässerige, fade riechende Grün. Dabei quollen die Augen zu dicken, spähenden Punkten auf, und die Fühler streckten sich mißtrauisch und wachsam nach den Seiten hin [...] Die Hinterbeine, die wie Gabeln waren, schoben den Rumpf vor, der sich hierauf in der Mitte aufwölbte und dem Kopf einen kräftigen Stoß versetzte. Sie waren unersättlich, sie fraßen unentwegt, sie wanderten in Kolonien, so wie sie aus den kleinen, dottergelben Eiern geschlüpft waren, von einem Freßplatz zum anderen, Löcher und Buchten fransten sie aus, über die hin und wieder noch schmale Dämme von weißen Strünken liefen. Sie mußten viel in sich hineinschaffen, um den Winter über, verpuppt und eingesponnen in die Dunkelheit kalter Winkel, hindämmern zu können.[9]

Was aber reisende Literaten und rasende Reporter an der industriellen Lebenswelt abstieß oder faszinierte, das begriffen Beamte an Düsseldorfer und Essener Schreibtischen als administrative Herausforderung. Dem Bild einer exzessiv lebendigen Gegenwart, das die einen vom Ruhrgebiet zeichneten, setzten die anderen Entwürfe einer Zukunft entgegen, in der es den Menschen gelungen ist, »den Stoffwechsel mit der Natur« – in Marx' Worten – »rationell [zu] regeln, unter ihre gemeinschaftliche Kontrolle [zu] bringen, statt von ihm als einer blinden Macht beherrscht zu werden«. Anders als in den Träumen der von Marx inspirierten Arbeiterbewegung war die Hoffnungsfarbe der bürgerlichen Reformer aber nicht das Rot der Revolution, sondern das Grün der Wälder. Am Schwarz der Kohle zweifelten weder die einen noch die anderen.

Wollte man dem grünen Aufbruch im Ruhrkohlerevier einen Namen geben, es wäre wohl der eines Essener Stadtbauinspektors. Schon zu Beginn des Jahrhunderts an der Planung der Gartenstädte Margaretenhöhe und Moltkeviertel beteiligt, verfasste Robert Schmidt 1912 eine *Denkschrift betreffend Grundsätze zur Aufstellung eines General-Siedelungsplanes für den Regierungsbezirk Düsseldorf (rechtsrheinisch)*, deren Inhalt deutlich einschlägiger war als ihr Titel.[10] Zielte Schmidts planerischer Ehrgeiz zunächst auf die Einrichtung eines »Nationalparks rheinisch-westfälischer Industriebezirk«, so führte sein Impuls nach dem Krieg zur Gründung des Siedlungsverbandes Ruhrkohlebezirk. Viele Projekte des Verbandes, dessen erster Direktor Schmidt auch war, atmeten den Geist seiner Denkschrift. So ließ der SVR 1923 zum Schutz vor dem Wildwuchs der Industrieanlagen ein »Verbandsverzeichnis Grünflächen« anlegen, definierte regionale »Grünzüge« zur Gliederung der Siedlungsflächen, richtete Parkanlagen ein, forstete von der Industrie zerstörte Waldbestände an anderer Stelle wieder auf und gründete zu diesem Zweck Pflanzschulen, deren »rauchharte Gehölze« es erfolgreich mit den unzarten Schloten aufnahmen.[11]

All diese Projekte entsprangen weniger dem Ideal

eines bewahrenden Naturschutzes als der Utopie einer regulierten Industriegesellschaft, in der die Natur dem Menschen in doppelter Hinsicht als Energielieferant dient. Wo ihre Brennstofflager die Produktion von Wärme, Strom und Waren befeuerten, da sollten ihre Grünflächen Körper und Seele Erholung vom Produktionsprozess ermöglichen. Der ökologische Gedanke, dass die Natur nicht nur eine Ressource sein könnte, sondern auch ein Reservoir, dem nur das entnommen werden darf, was es zur eigenen Regeneration entbehren kann, lag diesen Reformern noch fern. Den Realismus des zweiten thermodynamischen Hauptsatzes, der die Irreversibilität von Prozessen und die Entropie von Systemen, kurz: die Verwandlung von brauchbarer in unbrauchbare, ja gefährliche Wärme beschreibt, sollten erst ihre Kinder und Enkel entdecken. Dagegen war das grüne Denken der Zwischenkriegszeit noch von der Zuversicht geprägt, der Mensch könne die von ihm entfesselten Kräfte der Natur auch wieder unter seine Kontrolle bringen.

//

Ein besonders anschauliches Modell fand dieser reformerische Optimismus in den Grafiken des populärwissenschaftlichen Autors Fritz Kahn. Sie waren getragen vom Idealismus des ersten thermodynamischen Hauptsatzes, der nur den Wandel der Energieformen und Aggregatzustände, nicht aber den Energieverlust und die Zerstörung kennt. Ein berühmtes Bild Kahns trägt den Titel *Der Mensch als Industriepalast*.[12] Auf ihm ist zu sehen, wie die Organe des menschlichen Körpers die zugeführte Materie in zahlreichen Funktionskreisläufen so lange umwandeln, bis am Ende der Verwertungskette die Muskeln ihre Arbeit verrichten können. Wie hermetisch geschlossen diese energetische Sicht auf das Leben war, zeigt ein anderes Bild, dessen Titel »Die Industrie als Naturidyll« lauten könnte.[13] Die Art und Weise, wie Kahn hier den Menschen der Hochmoderne in seine Umwelt einfügt, lässt es wie eine Ikone des schwarzgrünen Planungsoptimismus erscheinen.

Im Hintergrund rauchen die Schlote eines Industrivereviers. Sie stellen die Kulisse einer Bühne dar, auf der vier emblematische Figuren zu sehen sind, die zusammen das System eines – so der tatsächliche Titel der Grafik – *Kreislaufs von Kraft und Stoff* bilden: in horizontaler Symmetrie ein menschlicher Körper und eine Dampfmaschine, dazwischen in vertikaler Achse ein Baum und die Sonne. Als antworte Kahns Optimismus auf die düstere Poesie von Joseph Roth, ist es ausgerechnet der Rauch, der die Elemente dieses Bildes zu einer Funktionseinheit verbindet. Der menschliche »Schornstein« atmet das im Rauch gebundene Kohlendioxid ebenso aus wie die »Nase« der Dampfmaschine. Doch statt den Himmel zu vernebeln, vereint sich der Rauch mit den Sonnenstrahlen, um dem Baum seine Photosynthese zu ermöglichen, die wiederum den Kreislauf vollendet, indem sie der Maschine Brennstoff in Form von Holz, dem Menschen in Form von Früchten liefert und beiden den Sauerstoff zur Befeuerung ihrer Stoffwechsel. Dass dieses geschlossene System aus Mensch, Natur und Maschine auch ein Außen, eine Umwelt, ha-

ben könnte, in der industrieller Rauch von Lungen ein-
geatmet wird und an Häuserwänden kleben bleibt, in
der Maschinen Wälder abholzen und ihr Takt die Menschen erschöpft, in der Kohlendioxid den Regen sauer
macht und die Atmosphäre erwärmt – all das wird aus-
geblendet. Der Abfall der beiden Maschinenfeuer, Kot
und Asche, geht noch als Baumdünger in den Stoffkreislauf ein; doch die Folgekosten der Zwecke, um
derentwillen die Feuer brennen, bleiben im Dunkeln.
Die Pleuelstange der Dampfmaschine und der Arm des
Menschen bewegen jeweils ein Antriebsrad, das nur zur
Hälfte zu sehen ist. Die Entropie der Maschinen, die Ab-
wärme und der Reibungsverlust, bleibt ebenso unsichtbar wie die Unumkehrbarkeit der von ihnen vollbrach-
ten Taten.

Nicht zufällig erfasste die planende Intelligenz die
Herausforderungen der Hochmoderne mit einem bio-
logisch-medizinischen Leitbegriff. So, wie Fritz Kahn
die *Organe* des Körpers als »Industriepalast« darstellte,
galt ihr Bestreben umgekehrt dem Ziel, die Industriegesellschaft so zu *organisieren*, dass Mensch und Maschine, Natur und Technik, Kapital und Arbeit eine
ebenso leistungsstarke wie harmonische Einheit bilden.

Was Kahns Grafiken in modellhafter Abstraktion
vorführten, konnte die Kunstfotografie als Realität behaupten. Und nicht zuletzt das Ruhrgebiet lieferte dazu
die entsprechenden Bilder. So brachte etwa die geometrisch strenge Ästhetik des Fotografen Albert Renger-
Patzsch eine Ansicht des Duisburger Hafens hervor, die
sich wie ein realistischer Kommentar zu Kahns indus-
triellem Stoffkreislauf ausnimmt.[14] Im Hintergrund rau-

chen ebenfalls die Schlote, im Vordergrund grast und säuft eine Herde Kühe. Getrennt sind die beiden Welten nur durch das Wasser der Ruhr, das sie aber zugleich im Zeichen der Nützlichkeit verbindet. Es dient den Tieren als Getränk, den im Hafen liegenden Frachtkähnen als Verkehrsweg. Und auch hier sind Natur und Technik eher Spiegelbild als Gegensatz. Während die obere Bildhälfte Kohlefrachter und Montanfabriken zur landschaftlichen Horizontale staffelt, präsentiert die untere umgekehrt das gezüchtete Leben als Produktionsstätte von Milch und Fleisch.

Die Verführungskraft solcher Bilder lag darin begründet, dass sie dem Betrachter ihre chaotische Umwelt vorenthielten. Und mit ihrer Umwelt, der Hässlichkeit jenseits des gewählten Ausschnitts oder der Entropie jenseits der idealisierenden Modelle, blendeten sie auch die Wirkungen der Zeit aus. Wo die absolute Gegenwart der Fotografie den Moment zu fixieren schien, da schuf die Grafik des Stoffkreislaufs die Illusion einer thermodynamischen Ewigkeit.

//

Der Wille zur Harmonisierung der Gegensätze verband die Funktionäre und Beamten des Ruhrgebiets mit Industrieästheten wie Albert Renger-Patzsch und Technikidealisten wie Fritz Kahn. Nur brachten es ihre Berufe mit sich, dass sie das Verhältnis der Zeiten anders gewichteten. Denn um die Unordnung der Gegenwart auszublenden, mussten ihre städtebaulichen Denkschriften, ihre architektonischen Modelle und ihre Raumpläne die schwarz-grüne Ewigkeit in die Zukunft verlagern. Doch im Gegensatz zu Bildern, die selbst auf sinkenden Schiffen noch die Romantik des Sonnenuntergangs oder die Gültigkeit der Naturgesetze behaupten können, gibt es für die Visionen der Technokraten kein Entrinnen vor den Eisbergen der Wirklichkeit. Früher oder später wird man ihre Entwürfe mit den tatsächlich erreichten Zuständen vergleichen. Und im Fall des Ruhrgebiets muss man feststellen, dass der Eigensinn der Kommunen, die Trägheit der Organisationen und die Interessen der Konzerne eine chaotische Dynamik erzeugten, der die Vernünftigkeit der Pläne nie gewachsen war.

»Der SVR«, schreibt Dirk van Laak mit angemessener Ironie, »der sich immer mal wieder als Keimzelle einer zentralen Verwaltung [...] [der geplanten] Riesenstadt anbot, verkam in den 30er Jahren zu einer Verkehrsplanungsbehörde und in den 40er Jahren zur Organisationsstelle für den Luftschutz – anders allerdings, als es Robert Schmidt vorgeschwebt hatte.«[15] 1979 wurde aus dem S V R der Kommunalverband Ruhrgebiet (K V R), aus diesem 2009 der Regionalverband Ruhr (R V R), und sollte er sich 2030 in Infrastrukturverband Ruhrgebietsreferent (I V R) umbenennen, würde es vermutlich kaum jemand bemerken. Auch wenn sich viele Ergebnisse der Verbandsarbeit durchaus sehen lassen können, so hat doch die Regionalplanung insgesamt ihre Ziele spektakulär verfehlt. Von Verkehrsbetrieben, die nicht einmal in der Lage sind, die kommunalen Netze zu einer regionalen Infrastruktur zu verbinden, war schon die Rede. Vom sogenannten Ruhrparlament, das sich 2020 konstituierte und kaum mehr Mitspracherecht besitzt als die Klassensprecherversammlung eines bayerischen Staatsgymnasiums, sei taktvoll geschwiegen. Noch schmerzhafter als die Ohnmacht der Pläne und die Widerstände, an denen sie scheitern, sind aber die Paradoxien und Absurditäten, die erst ihre Verwirklichung hervorbringt.

Dass das Ruhrgebiet schon zu Hochzeiten der Montanindustrie nachhaltig begrünt wurde, ist zweifellos ein beachtlicher Erfolg. Doch zugleich hat – neben nackten Interessen, natürlich – kein anderer Faktor das urbane Zusammenwachsen des Reviers so stark behindert wie eine Raumplanung, die dem Wildwuchs der Arbeiterkolonien und Industrieanlagen durch Wälder und Parks erfolgreich vorbeugte. Zur gleichen Zeit, als der von Oberbürgermeister Konrad Adenauer initiierte Grüngürtel die Stadtentwicklung Kölns vollendete, schnürten die vom S V R gestifteten Grünzüge der

Stadtwerdung des Ruhrgebiets die Luft ab.[16] Und wenn die regionale Infrastrukturplanung sich in manchen Fällen selbst ein Bein stellte, dann hinkte sie in anderen dem ungeplanten Wandel hoffnungslos hinterher. So waren die seit über dreißig Jahre geplanten Autobahnanschlüsse, die das regionale Verkehrsnetz mit den sieben Werkstoren der Hoesch AG verbinden sollten, 2001 zu genau dem Zeitpunkt fertig gebaut, als der von Thyssen-Krupp übernommene Konzern gerade seinen letzten Dortmunder Standort geschlossen hatte.[17] Vor diesem Hintergrund erscheint im Rückblick ein ganz früher Fall von gescheiterter Planung weniger als unvermeidliche Schwierigkeit des Anfangs denn als Menetekel für so vieles, was da noch kommen sollte.

1893 entwarf der preußische Communalbaumeister Voßkühler in Borbeck eine Straße, deren – man kann es kaum anders nennen – trauriges Schicksal der Historiker Lutz Niethammer wie folgt schildert:

Noch als Feldweg erhielt sie den Namen Kaiserallee, war hier doch eine »Prunkstraße« mit vielfachen Baumreihen und 6 m tiefen Vorgärten vorgesehen. Die Planungsunterlagen des Konsortiums lassen die beiden Opponenten erkennen, an denen sich Voßkühlers letzter Versuch brach, eine städtebauliche Kontur in das verwinkelte Dorf und seine Streusiedlungen zu bringen. Auf der Karte, mit der die Anlage der Kaiserallee beantragt wurde, finden sich an der Stelle, wo ihre Trasse den Garten der Dienstvilla des Bürgermeisters kürzte, erregte Durchstreichungen mit Blaustift und daneben von dessen Hand: »kommt

derzeit überhaupt nicht in Frage.« Um sicher zu gehen, erteilte er auch in diesem Fall alsbald eine Ge-
nehmigung, mitten in die Verlängerung des Straßen-
durchbruchs zur Ortsmitte hin ein Haus zu bauen.
Damit war die Kaiserallee eine Sackgasse und wurde
bald zur Fürstenstraße degradiert, später sogar nach
dem angesehensten Dorfpastor erneut umbenannt.[18]

Als Monarch gesprungen, als Pfaffe gelandet – wenn es
ein Sinnbild für das Noch-nicht des Ruhrgebiets gibt,
dann ist es eine Kaiserallee, die als Feldweg startete und
als Sackgasse zu Ehren eines lokalen Kirchturmherren
endete.

BITEMPORALE
IDENTITÄTSKRISE

Als Heinrich Bölls Reportage 1958 erschien, war das Ruhrgebiet endlich organisiert. Aber anders als geplant. Nachdem von alliierter Seite 1945 kurz erwogen worden war, die »Rüstungsschmiede«, die Deutschland zwei Weltkriege ermöglicht hatte, zu zerschlagen, bekam die Montanindustrie im Zeichen des Kalten Krieges eine zweite Chance. Und die nutzte sie, indem sie ihr Schicksal den Organisationen überließ. Wo im Deutschen Reich Ruhrindustrielle und Arbeiterschaft zuerst die rohen Konflikte der Klassengesellschaft miteinander ausgefochten und dann gemeinsam von der Kriegskonjunktur profitiert hatten, da entwickelte sich im »rheinischen Kapitalismus« der jungen Bundesrepublik ein korporatives Geflecht, das europäische Montanbehörde und Bonner Ordnungspolitik, nationale Ökonomie und regionale Produktion so unentwirrbar miteinander verflocht, dass Arbeitgebervereinigungen und Gewerkschaften, Kommunalverbände und Lobbyisten, Konzernführungen und Betriebsräte sich in ein lokales Dauerpalaver zur Orchestrierung ihrer Interessen verknäulten – verklebt vom Parteibuch, überwölbt von der Integrationsideologie, stabilisiert von den Wahlergebnissen einer Sozialdemokratie, deren emanzipatorischer Kampf längst nordrhein-westfälischem Paternalismus gewichen war.

Doch 1958 sah sich das korporative Selbstbewusstsein des Ruhrgebiets erstmals hart auf die Probe gestellt. Ein Jahr zuvor hatte die Bundesregierung – zugunsten der USA – mit den Preissubventionen für heimische auch die Einfuhrzölle für ausländische Kohle aufgehoben und damit die westdeutsche Montanwirtschaft der Dynamik des Weltmarkts ausgesetzt.[1] Nachdem die Produktion in den Boomjahren des sogenannten Wirtschaftswunders kontinuierlich gewachsen war, bedeutete dieser Schritt eine tiefe, ja historische Zäsur. Erstmals seit dem Ende der Nachkriegszeit ging die Kohleförderung zurück, Arbeiter wurden entlassen. Und kurz darauf begann das jahrzehntelange Zechensterben. »Im Herbst 1959«, fasst Theo Grütter den Höhepunkt der ersten Kohlekrise szenisch zusammen, »kam es zum [...] Protestmarsch nach Bonn – über dem Ruhrgebiet wehten die schwarzen Fahnen.«[2] Am Horizont der späten 1950er-Jahre zeichnete sich für alle, die es sehen wollten, der Prozess ab, den man später als Strukturwandel bezeichnen sollte. »Mit der Wende am Energiemarkt«, so Grütters Fazit, »begann das Ende des alten Reviers.«[3]

Die mächtige Industrieregion, um deren Einhegung und zukünftige Vollendung sich die Organisatoren so lange bemüht hatten, war aus der Perspektive der Organisationen, die von seiner Dynamik profitierten, plötzlich vom Untergang bedroht. Und damit hatte sich dem zuversichtlichen *Noch-nicht* unversehens eine weitere, ganz andere Zukunftsdimension hinzugesellt: die Angst vor dem *Nicht-mehr* des Ruhrgebiets.

Im Zeichen der beginnenden Kohlekrise deutet Grütter die heftige Abwehr, mit der Funktionäre und Politiker des Ruhrgebiets auf Chargesheimer und Böll reagierten, auch als Ausdruck von Unsicherheit. Und das scheint plausibel. Schließlich betonten die beiden Kölner zu genau dem Zeitpunkt die Mängel ihrer Nachbarregion, als deren Zukunft begann, auf bedrohliche Weise ungewiss zu werden. Im Grunde enthielt ihr Buch ja keine Neuigkeiten, nichts jedenfalls, was nicht hinlänglich bekannt gewesen und in der einen oder anderen Form schon gesagt oder gezeigt worden wäre. Joseph Roths dystopische Reportage war 1926 erschienen, Heinrich Hausers rabenschwarze Ruhrgebietsglossen sowie sein Bildband *Schwarzes Revier* in den Jahren um 1930. Und die Entwürfe der Regionalplanung gingen, wie gesehen, schon seit der Jahrhundertwende gerade von den Missständen und der Entwicklungsbedürftigkeit der industriellen Lebenswelt aus. Nicht die Urteile und Ansichten, die Umstände und Perspektiven hatten sich geändert.

Quasi über Nacht war der Optimismus einer unvollendeten, aber pulsierenden Wirtschaftsregion mit einem Verdacht konfrontiert, der so gravierend war, dass er den Projektionsraum der Visionen vollständig zu verdunkeln drohte. Es war, als überfiele ein Elternpaar, nachdem es das Aufwachsen ihres hochveranlagten, aber schwierigen Kindes aufopferungsvoll begleitet hat, plötzlich die schreckliche Ahnung, es könne unheilbar krank sein. Und zu genau dem Zeitpunkt, als sich über die Hoffnung eine schleichende Angst legt, erscheint am Gartenzaun der Nachbar, der natürlich von alldem nichts weiß, schaut den Eltern tief in die Augen und sagt: Sie haben es vielleicht nicht bemerkt, aber ich beobachte schon seit einiger Zeit Ihren Sohn. Er ist wirklich hässlich wie die Nacht, auch kommt er mir schlecht erzogen vor. Aber bestimmt lieben Sie ihn trotzdem. Und wer weiß, vielleicht wächst es sich ja noch aus. Auf Wiedersehen!

//

Je nach Perspektive markierte die Zeit um 1960 ein Ende des Werdens oder einen Anfang des Vergehens. Man mochte die Veränderung verdrängen oder aufzuhalten versuchen, doch mit jeder Zechenschließung, mit jeder Entlassungswelle, mit jedem neuen Subventionspaket wuchs die bedrohliche Ahnung, dass die gegenwärtige Lebenswelt allmählich verschwinden könnte.

Es hieße jedoch, den Charakter dieser Zeitenwende zu verfehlen, wollte man in ihr eine ganz neue Erfahrung sehen. Denn auch der Anfang dessen, was jetzt zu vergehen begann, hatte ja ein Ende bedeutet. Es gibt kein Datum, keinen Ort und keinen Helden, aus denen sich das Ruhrgebiet die Geschichte eines Ursprungs stricken könnte. Seine Entstehung im 19. Jahrhundert ging auf keinen Gründungsakt zurück, der etwas schuf, wo vorher nichts war. Vielmehr resultierte sie aus der Entfesselung einer Gewalt, die etwas Neues schuf, indem sie etwas Vorhandenes rücksichtslos zerstörte.

1958 hatte man die Agrarwelt, die der Montanindustrie um 1900 gewichen war, weitgehend vergessen. Doch in der Zwischenkriegszeit war sie noch lebendiger

Teil der Erinnerung. So lässt Paul Berglar-Schröer in *Um den Heimathof*, einer gerade in ihrer kunstwilligen Erwartbarkeit interessanten Novelle von 1926, einen alten Bauern auftreten, dessen Wahrnehmung der industriellen Gegenwart unvermittelt von einer Vision der ländlichen Vergangenheit überblendet wird:

Der Lienertschulte saß in dem urväterlichen Backenstuhl vor dem Dörpel seines Hauses; wortlos und mit hartem Gesicht. Seine Augen blickten fest in die westliche Dunstwand, die schweflich brodelnd in den Himmel wuchs. Bisweilen zuckte es aus dem Grau auf und huschte im Widerschein über den Horizont wie Wetterleuchten. Wenn die Nacht schattete, griff das Geleucht brandrot hoch über den Lienerthof, lief durch die Gardinen und lag auf den Dielen wie flackernde Feuersnot, daß einem wohl herzschlaglang der Atem stockte: So gespenstisch schleuderte die Stadt ihre glühende Unrast an das Firmament. »Das ist wie Entweihung«, dachte der alte Lienert, und sein Erinnern ging die stillen Wege, da er von kimmernder Erdwelle seines Hofes aus weit ins grünende Land schaute. Da lag Buntvieh auf den Weiden, und die Pferde zogen den blanken Pflugstahl. Verheißungsvoll wiegten sich zärtlich die Felder, und wenn Erntereife war, verlor sich der silberne Strom in einem wogenden Meer von Gold. Aber dann wuchsen dort plötzlich die Bohrtürme wie finstere Ungetüme vor dem Horizont; zum anderen Mal schichtete man Schornsteinkolosse himmelan, und wieder eine Zeit später senkte man Stein und Eisen in die Erde. Tief drunten gruben die Menschen, als wollten sie das zuckende Herz dieser Erde bloßlegen, und über sich hämmerten sie ein stählernes Gewirr mit hochkreisenden Rädern. Wo aber immer Turm und Federgerüst in den Himmel schnitten, krönten die Menschen ihr Werk mit siegfroh flatternden Fahnen, und die Böllerschüsse verhallten kämpferisch in die friedvolle Weite der Höfe und Katen. Sündhafte Vermessenheit war das dem Lienertbauer, und er sagte: »Ein Wetterstrahl … ein einziger Wehrstoß der erzürnten Erde wirft ihnen den ganzen übermütigen Krempel zuhauf.« Und mit einem jähen Fluche reckte er dann wohl die Fäuste gegen das donnernde Werden des Neuen.[4]

Was der Erzähler hier in dramatischer Sprache beschwört, ist mehr als nur eine Veränderung. Es ist die Art und Weise, in der sich die Dinge verändern. In mythischer Überhöhung blickt der alte Bauer auf eine Epoche zurück, in der »verheißungsvoll« nicht eine wie auch immer – rot, grün, bunt – imaginierte Zukunft war, sondern die sehr konkrete Aussicht auf die nächste Ernte. Die Passage berichtet also weniger von Wandlungen im Laufe der Zeit als von der schmerzhaften Ablösung einer Zeitordnung durch eine andere. Früher kamen und gingen die Dinge, um wiederzukommen und erneut zu gehen – heute existieren sie zuerst, und dann sind sie verschwunden. Wo Zukunft wird, entsteht Vergangenheit.

Um 1960 kündigte sich das Ende jenes Zerstörungswerks an, dessen Anfang die Zeitgenossen um die Jahrhundertwende so fasziniert und entsetzt hatte. Doch wie verschieden, ja gegensätzlich diese Zäsuren auch gewesen sein mochten, in einer Hinsicht waren sie sich gleich. Beides waren Untergänge. So scheint die Totalität, mit der das Kohlerevier zuerst eine vorhandene Welt nahezu restlos vernichtete und dann selbst vollständig verschwand, in beiden Fällen ein Vokabular des Rapiden, der heftigen Überraschung, zu erfordern. So, wie der Lienertbauer sich zu erinnern meint, das wogende Meer der Kornfelder sei von den Bohrtürmen »plötzlich« verdrängt worden, so glaubten spätere Generationen im Rückblick, sie hätten jede Zechenstilllegung, jede Entlassungswelle und jede Werksschließung als »Schock« erlebt, obwohl der gesamte Prozess sich über Jahrzehnte hinzog. In diesem Sinne wiederholte sich in den 1960er-, 1970er- und 1980er-Jahren eine Zeiterfahrung, die man im entstehenden Ruhrgebiet in den Jahrzehnten um 1900 schon einmal gemacht hatte. Die Inhalte dieser Erfahrung waren denkbar verschieden. Erst wichen die Felder den Fördertürmen und Schloten, dann verschwanden die Schlote, und aus Fördertürmen wurden Industriedenkmäler. Doch in beiden Fällen war das Verschwinden der Phänomene gleichbedeutend mit dem Untergang einer Lebenswelt, die ganz im Zeichen der herrschenden Produktivkräfte gestanden hatte.

Wie ein Scharnier verbindet das Symbol des Rauchs die unvereinbaren Welten. Wo einst, wie sich der alte Bauer in der Novelle von 1926 erinnert, die Pferde den blanken Pflugstahl zogen, sich die Felder zärtlich und verheißungsvoll wiegten und der silberne Strom sich in einem wogenden Meer von Gold verlor – da wuchs nun schweflich brodelnd eine Dunstwand in den Himmel.

Und wo einst, wie Joseph Roth – ebenfalls 1926! – beschreibt, diese Dunstwand ihrerseits zu einem Himmel aus Rauch geworden war, der alle Städte des Reviers verband und sich in einer grauen Kuppel über dem Land wölbte – da veröffentlichte der *F.A.Z.*-Korrespondent Andreas Rossmann 2012 eine Anthologie seiner Ruhrgebiets-Feuilletons unter einem Titel, bei dem trotz aller Sachlichkeit auch Wehmut durchklingt: *Der Rauch verbindet die Städte nicht mehr.*[5]

Wir sehen: So unbestimmt die Zukunft des Ruhrgebiets, so überdeterminiert ist auch seine Vergangenheit.

//

Wenn man vom Ruhrgebiet, wofür viel spricht, am besten mittels der Erfahrungen erzählt, die Menschen hier gemacht haben, dann gehört beides, der permanente Ausblick auf das Werden und der unvermeidliche Rückblick auf den Verlust, von Anfang an zur Struktur dieser Erzählung. Dass es nicht ihre Grenzen und Institutionen, sondern die Kräfte der erfahrenen Zeit sind, mit denen sich diese Region vielleicht doch auf Begriffe bringen lässt – auch das hat Joseph Roth, wenn nicht explizit ausgesprochen, so doch mit sicherer Intuition geahnt. In der Allgegenwärtigkeit des Rauchs machte Roth die Tristesse des Ruhrgebiets anschaulich. Doch deren tiefere Ursache lag für ihn darin, dass hier die Dinge in eine andere Richtung wollten als die Menschen:

Es ist, als wären die Bewohner der Städte weit zurück hinter der Vernunft und dem Streben der Städte
selbst. Die Dinge haben einen besseren Zukunftsins-
tinkt als die Menschen. Die Menschen fühlen historisch, das heißt rückwärts. Mauern, Straßen, Drähte
fühlen vorwärts. Die Menschen hemmen die Entwicklung. Sie hängen sentimentale Gewichte an die
beflügelten Füße der Zeit. Jeder will seinen eigenen
Kirchturm. Indessen wachsen die Schornsteine den
Kirchtürmen über die Spitze. Verschiedenartige Glo-
ckenklänge verschlingt der Rauch. Er hüllt sie in seine
düstere Wattesubstanz, daß sie nicht mehr vernehm-
bar, geschweige denn zu unterscheiden sind. Jede
Stadt hat ihr Theater, ihre Andenken, ihr Museum,
ihre Geschichte. Aber nichts von diesen Dingen hat
erhaltende Resonanz. Denn die Dinge, die historischen (sogenannten »kulturellen«), leben vom Echo,
das sie nährt. Hier aber ist kein Raum für Echo und
Resonanz.[6]

Man darf diese Sätze nicht zu wörtlich lesen. Denn natürlich weiß Roth, dass die Menschen auch auf die Zukunft hoffen, so, wie umgekehrt die Dinge sich wieder
zurückverwandeln in den Staub und die Asche, die sie
einmal waren. Doch was hier in literarischer Prägnanz
zum Ausdruck kommt, ist die historisch betrachtet relativ junge Erfahrung zeitlicher Zerrissenheit.

In der Regel beschreibt die Geschichtswissenschaft
Veränderungen in der Zeit. Einige Historiker hat allerdings auch interessiert, wie sich im Laufe der Zeit
die Zeit selbst oder genauer gesagt: die Zeitwahrneh-

mung verändert. So kann man etwa die »Neuzeit«, also den Übergang vom christlich geprägten »Mittelalter« zur Formierungsphase der »Moderne«, als eine Abfolge von »Revolutionen«, als »Modernisierungsprozess« oder als »Epochenbruch« beschreiben. Tritt man aber einen Schritt zurück, kann man auch sehen, dass die Art und Weise, wie wir heute von diesem Wandel erzählen, selbst eines seiner Ergebnisse ist. Bis über das 17. Jahrhundert hinaus galt die Geschichte, stark vereinfacht gesagt, als ein Lehrspiegel, in dem man nach Vor- und Sinnbildern der eigenen Gegenwart suchte, während die Zukunft vor allem eine Sache der persönlichen Heilserwartung war. Die Rede vom historischen »Bruch«, die mit dramatischer Geste die eigene Zeit von vergangenen »Epochen« unterscheidet und womöglich auch als Durchgangsstadium in eine wahlweise werdende oder zu schaffende »Zukunft« auffasst, etablierte sich dagegen erst im Laufe des 18. Jahrhunderts. Und mit ihr auch ein Verständnis von *der* Geschichte als »Kollektivsingular« – einem kontinuierlich »fortschreitenden« Geschehen, das alle einzelnen Ereignisse und Geschichten (im Plural) in sich vereint und unter der Herrschaft der Zeit zu einem gradlinig fließenden, sinnvollen Ganzen fügt.

Diese Analyse des modernen Geschichtsbegriffs stammt von dem Historiker Reinhart Koselleck.[7] Und Koselleck war es auch, der den allgemeinen Gegensatz von Vergangenheit und Zukunft in Begriffe des menschlichen Bewusstseins übersetzte. Worauf man in der Zeit zurückblicken kann, sei es aus eigenem Erleben oder durch Überlieferung, das bezeichnet er als »Erfahrungsraum« – was man zukünftig für möglich hält, als »Erwartungshorizont«.[8] Und eine Besonderheit des modernen Zeitbewusstseins erkannte Koselleck darin, dass Erfahrung und Erwartung zunehmend auseinandertreten. In ruhigeren Zeiten kann sich der Ausblick auf das Morgen am Wissen von gestern orientieren. Doch wenn sich, zum Beispiel durch politische Revolutionen oder revolutionäre Erfindungen wie die Dampfmaschine, in relativ kurzer Zeit dem Gefühl nach »alles« ändert, also mit den Produktionsmitteln oder der Herrschaftsform auch die Struktur der Gesellschaft und das Gepräge des Alltags, dann verliert das angesammelte Wissen rapide an Bedeutung. Umgekehrt gewinnt die Prognose und damit das Bemühen um Beherrschung des Kommenden in gleichem Maße an Gewicht. Doch in der Moderne hat der Wandel einen paradoxen Effekt. Je häufiger und je schneller sich die Veränderungen ereignen, desto mehr verstetigen sie sich auch. Sie werden von der Ausnahme zur Regel. Und so könnte man zugespitzt sagen, dass mit der Dauer der modernen Verhältnisse das Auseinandertreten von Erfahrungsraum und Erwartungshorizont einerseits selbst zur Erfahrung wurde, so wie andererseits die fortlaufende Entwertung des Wissens und das Vergehen der Dinge erwartbar.

Weil das Verhältnis zur Zeit zu den fundamentalen Bedingungen der modernen Existenz gehört, ist es vielfach beschrieben und analysiert worden. Dabei konnten sowohl der Fokus des Interesses als auch die Mittel der Darstellung unterschiedlich ausfallen. Die tiefgreifendste Expedition ins Reich der Erinnerung, Marcel Prousts *Auf der Suche nach der verlorenen Zeit*, kam in literarischer Form zum Ausdruck. Die umfangreichste Untersuchung des menschlichen Zukunftssinns, Ernst Blochs *Das Prinzip Hoffnung*, ist zu einem Klassiker der philosophischen Spekulation geworden. Proust musste einen Roman völlig neuer Art schreiben, um etwas zu vergegenwärtigen, das nicht nur vergangen, sondern verloren ist, also *nicht mehr* real da, aber weiterhin Teil des Bewusstseins. Bloch nannte seine Studie eine »Ontologie des *Noch-nicht*«, also eine Seinslehre von allem, was schon vor seiner Wirklichkeit im Bewusstsein existieren kann.[9] In kaum steigerbarer Subtilität des Denkens und der Beschreibung verkörpern diese beiden Werke den doppelten Gipfelpunkt zweier Strömungen, die sich im 19. Jahrhundert schroff, ja mitunter feindselig gegenübergestanden hatten: auf der einen Seite die tendenziell *utopischen* Bewegungen des Fortschritts, der mal technologisch, mal emanzipatorisch, mal revolutionär verstandenen Überwindung der gegenwärtigen Verhältnisse – auf der anderen die tendenziell *nostalgischen* Gegenbewegungen der Romantik, der Reaktion, des Historismus, die mit mal ästhetischer, mal politischer, mal wissenschaftlicher Betonung die Verlustbilanzen des Wandels zogen und Orientierung in der Vergangenheit suchten.

Noch interessanter als diese Ansätze, die jeweils eine Zeitrichtung betonen, sind für unser Thema aber Autoren, die – wie Koselleck – beide zusammen, also die Einheit des asymmetrischen Verhältnisses von Vergangenheit und Zukunft, behandelt haben. Im Anschluss an Joachim Ritter, einen sehr genauen Leser der hegelschen Dialektik, hat etwa Hermann Lübbe das moderne Geschichtsbewusstsein nicht als reaktionäre Verweigerung des Fortschritts, sondern als *Kompensation* von Veränderungsfolgen begriffen.[10] Wo die Gegenwart durch permanente Veränderung so »schrumpft«, dass die Gegenstände des täglichen Gebrauchs (man denke an die »Generationen« der Computer und Mobiltelefone), das Erscheinungsbild der lokalen Umgebung (man denke an die Baustellen in einer beliebigen Großstadt), das erwartbare Sozialverhalten (man denke an die Bedeutung der Kirchen oder die Geschlechterrollen), die kulturelle Orientierung (man lese alte Jahrgänge irgendeiner Zeitschrift) oder die politischen Verhältnisse (man denke an die Wahlkampfthemen in der eigenen Jugend) innerhalb weniger Jahre veraltet oder nutzlos erscheinen, da verleihen Institutionen wie das Museum, der Denkmalschutz, das Archiv oder der ästhetische Kanon den Dingen eine künstliche Dauer, die auf veränderungsgeplagte Psychen stabilisierend wirkt.

Hermann Lübbe denkt philosophisch über die Funktion des modernen Zeitbewusstseins nach, Joseph Roth beschreibt es in literarischer Sprache als Problem. Aber die Grundidee ist bei beiden dieselbe. Die Überwindung der Gegenwart und die Aufwertung der Vergangenheit sind keine Gegensätze, sondern zwei Seiten der modernen Existenz. Ob man sich eher an der Geschichte oder auf die Zukunft hin orientiert und was stärker empfunden wird: das Kommende – sei es drohend, sei es erhofft – oder das Gewesene – sei es stabilisierend oder eskapistisch –, das hängt allein von den persönlichen Umständen ab. Reichtum und eine Lungenkrankheit können, siehe Proust, die Erinnerung an die Welt der

Kindheit genauso auf Touren bringen wie eine Familiengeschichte im Zeichen der Emanzipation und Gerechtigkeitssinn, siehe Bloch, die Hoffnung auf ein Ende der Sehnsucht. Doch vor der Einheit der zerrissenen Zeit, dem Pendelschlag zwischen Ausblick und Rückblick, dem Auseinandertreten von Erfahrungsraum und Erwartungshorizont, gibt es für uns Bewohner der Moderne kein Entrinnen. So, wie wir uns in unserer Zeit entfalten, sind wir gefangen in unserer Zeitordnung. Keineswegs souverän, spiegelt das Bewusstsein sie nur. Solange diese Ordnung nicht überwunden wird, und derzeit deutet nichts darauf hin, werden Scheitern und Gelingen unseres Lebens und Zusammenlebens auch davon abhängen, ob wir die Möglichkeiten unserer Zeit nutzen und ihre Risiken in den Griff bekommen.

So verstanden, ist die von Roth beschriebene Entwertung eines historischen Resonanzraums zunächst mal nur eine typische, für sich genommen ganz normale Zeiterfahrung der Moderne. Und zu deren Normalität gehört auch die von Lübbe beschriebene Möglichkeit, den vom rasanten Wandel erzeugten Orientierungsverlust durch kulturelle Inseln der Dauer zu kompensieren. Dass man also im Ruhrgebiet versuchte, »sentimentale Gewichte« an die »beflügelten Füße der Zeit« zu hängen, wäre an sich kaum der Rede wert. Denn das taten und tun Menschen seit mehr als zwei Jahrhunderten überall auf der Welt. Wo die vertrauten Dinge allzu schnell verdrängt oder zerstört, unscheinbar oder bedeutungslos werden, da werden Museen gegründet, Traditionen beschworen, Denkmäler errichtet und Geschichten aus der Vergangenheit erzählt.

Die Besonderheit des Ruhrgebiets, so ließe sich hundert Jahre später im Rückblick sagen, lag nicht im Tempo der Veränderung, sondern zum einen in der Radikalität, zum anderen in der Serialität des Verschwindens. Denn nach der zerstörten alten Welt verschwanden ja auch die neuen Kräfte der Zerstörung, und zwar vollständig. Anders als an anderen Orten, die zur gleichen Zeit ebenfalls zu Sinnbildern des modernen Veränderungstempos wurden, die Metropole Berlin beispielsweise oder die Vereinigten Staaten, hat sich im Ruhrgebiet niemals der wechselseitige Bezug von Altem und Neuem, Überwindung und Bewahrung, Wachstum und Konsolidierung stabilisiert, der eine raumbezogene Identität auch unter modernen Bedingungen ermöglicht. Es könnte sein, dass sich das seit ein paar Jahren ändert. Sollte dem aber so sein, wäre das Ergebnis bemerkenswert anders als anderswo. Die Frage verdient jedenfalls Beachtung. Darum werden wir auf sie zurückkommen.

//

Wer den Begriff der Identität nicht zur Festschreibung bestimmter Eigenschaften missbraucht, kann sehen, dass die Dauer eines Selbstverhältnisses und ihr Wandel einander nicht ausschließen. Im Gegenteil, jede gelungene Identität etabliert ein dynamisches Gleichgewicht. Wann gelingt sie? Wenn die Frage, wer oder was man ist, nicht herrisch und im Laufe der Zeit nicht gleich beantwortet werden muss. Und die unterschiedlichen Antworten werden umso robuster ausfallen, je weniger rigoros sie sind, je flexibler sie sich an veränderte Umstände anpassen, je spielerischer sie unterschiedliche, ja gegensätzliche Elemente in sich vereinen, je toleranter sie es anderen Dimensionen des Daseins erlauben, neben sich zu existieren. Weil das ein anspruchsvolles Programm ist, sind, zumindest unter modernen Bedingungen, Identitäten immer prekär, Identitätsbildungsprozesse kompliziert und Identitätskrisen normal. Und weil sich Institutionen und Gruppen aller Art in dieser Hinsicht nicht von Personen unterscheiden, ist es auch möglich, das Gelingen wie das Scheitern vorgestellter Identität durch psychologische Metaphern zu beschreiben.

Die Psychopathologie kennt das Phänomen der manisch-depressiven oder: bipolaren Störung. Das mit diesem Syndrom verbundene Leiden hat seine Ursache weniger in der Gegensätzlichkeit als in der Unverbundenheit zweier Gefühlszustände. Jede gelungene Identität integriert heterogene Elemente zu einer Einheit, in der alles, ein jedes zu gegebener Zeit, seinen Platz hat. Als krisenhaft werden die an sich unvereinbaren Zustände nur erlebt, wenn sie sich jeweils absolut geben, also derart losgelöst vom Rest des Lebens, dass sie kein Außen mehr zu besitzen scheinen. Für sich genommen, sind Niedergeschlagenheit und Tatendrang völlig normal. Erst, wenn sie in Form von »Depression« und »Manie« ein unduldsames Eigenleben entwickeln, setzt das Leiden ein. Die bipolare Persönlichkeit erlebt sich dann selbst, als bestünde sie aus zwei Personen, die niemals zusammen in einem Raum sein können. Die Identität eines solchen Menschen ist insofern gestört, als sie ständig zwischen zwei Zuständen schwankt, ohne eine Verbindung zwischen ihnen denken oder eine eigene Mitte fühlen zu können.

In Sinne dieser Analogie lässt sich das Ruhrgebiet metaphorisch als bipolarer Sozialraum begreifen. Rastlos pendelt er seit 150 Jahren vom einen Zeitpol zum anderen, hin und her zwischen dem, was er *nicht mehr*, und dem, was er *noch nicht* ist. Ihm fehlt sowohl die räumliche Grenze, innerhalb derer Veränderungen stattfinden konnten, als auch die inhaltliche Substanz in Form einer Landschaft, einer Ökonomie, einer Kultur, eines Volks oder auch nur einer Infrastruktur, deren Gestalt sich im Laufe der Zeit wandeln konnte. Alles, was er je hatte, ist der Wille, etwas zu werden, und die Gewissheit, etwas gewesen zu sein. Die beiden Pole schließen einander aus, und zugleich sind sie so mächtig, dass man kaum anders kann, als ihr unverbundenes Nebeneinander für das paradoxerweise einzig stabile, mit Sicherheit jedenfalls das stärkste Charakteristikum dieser Region zu halten.

Der Befund ist so offensichtlich, dass es müßig wäre, ihn ausführlich zu belegen. Weil er ihn aber präzise auf Begriffe bringt, sei stellvertretend einmal mehr auf den Philosophen verwiesen, von dessen Buch sich dieses Buch zu seinem Gedankengang anregen ließ. Das Ruhrgebiet der Gegenwart, so Wolfram Eilenberger, existiere parallel, also simultan, doch unverbunden, in »mythischer Nachzeitigkeit« und als »ewige Zukunftsspur«.[11] Während aber die mythische Nachzeitigkeit der Agrarwelt einst einem Rauch wich, dem man – wenn auch vergeblich – hoffte, in der Zukunft eine feste Gestalt geben zu können, ist die mythische Nachzeitigkeit des

Rauchs inzwischen einer eigenartigen Leere gewichen, in der die Zukunftsspur eher auf das Ende von Kreditlaufzeiten verweist als auf eine Morgenröte am Erwartungshorizont.

Der Raum des Ruhrgebiets ist heute sorgfältiger markiert als jeder Verwaltungsbezirk, und doch nimmt er sich unbestimmter aus als je zuvor. Wo vor hundert Jahren alte Bauern, sofern sie nicht durch den Verkauf ihres Landes reich geworden waren, die Umwälzung der Äcker als Entweihung geißeln konnten, da ist die ehemalige Montanzone heute durch sogenannte Landmarken geweiht.[12] Als wären sie – wie Richard Serras *Bramme* auf der Schurenbachhalde, Hermann Priganns *Himmelstreppe* auf Halde Rheinelbe oder Lutz Fritschs Stele *Rheinorange* an der Duisburger Hafeneinfahrt – Grenzsteine oder überdimensionierte Gipfelkreuze, geben diese Skulpturen der Geographie an exponierten Orten eine im wahrsten Sinne des Wortes gewichtige Bedeutung. Der Raum, in dem ihr euch bewegt, sagen sie dem Wanderer in der Metropolregion und den Argonauten auf der Hafenrundfahrt, dieser Raum ist schwer gezeichnet von dem, was er einmal war.

Aus den Fördertürmen, einst Agenten der Zerstörung, sind heute ikonische Zeichen geworden, die zuverlässig jeden, aber auch jeden Text über das Ruhrgebiet bebildern (schließen Sie das Buch und überzeugen Sie sich selbst). Doch in der Realität muss man diese Ikonen so geduldig suchen, als befänden sie sich in einer entlegenen Bergkapelle auf der Peloponnes. Während die Produktionsstätten, die aus der Zerstörung hervorgingen, sich um Grenzen nicht zu scheren brauchten, weil ihre Schlote den Raum von innen her markierten, sind die Hinterlassenschaften der Montangiganten nur mithilfe von Wegweisern, Reiseführern und Navigationsgeräten zu finden. Und so fährt der Ruhrgebietstourist heute stundenlang durch Städte und Wälder, die sich überall auf der Welt befinden könnten, um plötzlich vor einer Stahlruine zu stehen, deren Rostüberzug gerade so sorgfältig konserviert ist, dass sie weder neu aussieht noch ganz verfällt. Er löst eine Eintrittskarte, überzeugt sich davon, dass der Rost von innen noch eine Spur bedeutungsvoller aussieht als von außen, und dann fährt er weiter zur nächsten Station auf der *Route Industriekultur*.

Doch wenn der Reisende abends, ein Glas Rotwein in der Hand, in seiner airbnb-Arbeiterkolonie-Ferienwohnung den vom Vermieter mit Bedacht drapierten Bildband *Das neue Ruhrgebiet* durchblättert, dann erfährt er zu seiner Verwunderung, dass dieselbe Region, die ihre nostalgischen Stahlgewichte an die beflügelten Füße der Zeit gehängt hat, der Zukunft geradezu euphorisch entgegenschwebt. »Immer wieder«, teilt Hans-Peter Noll, Geschäftsführer der RAG Montan Immobilien GmbH, dem Leser des von der RAG Montan Immobilien GmbH finanzierten Bandes mit, »haben sich Unternehmen, die Akteure aus Politik und Verwaltung, die Bürger vor Ort und die RAG Montan Immobilien GmbH als Entwickler den Herausforderungen gestellt und gemeinsam den Strukturwandel in der Region entscheidend vorangetrieben.« Und wer das für eine leere Behauptung hält, der kann von seinem Irrtum geheilt werden:

In diesem großformatigen Bild- und Textband finden Sie zahlreiche Standorte, die davon erzählen, wie die Menschen im Ruhrgebiet in gemeinsamer Kraftanstrengung aus Altem und Vergangenem erfolgreich Neues geschaffen und wieder eine blühende Landschaft gestaltet haben. [...] Mit festem Glauben und der Kraft der Ideen [...] gestalten die Menschen nach dem Rückgang der Schwerindustrie ihre Region neu, lebenswert und abwechslungsreich, optimistisch und innovativ. Und der Glaube [...] bringt nicht nur Hoffnung, sondern er ist Antrieb der Menschen in dieser Region auch für die weitere Zukunft.[13]

Und wie wird diese Zukunft aussehen? Kurz gesagt – einfach nur wow! Ungetrübter Lebensgenuss in Malocherambiente! Golfplätze und Funsport-Areale auf Industriebrachen! Ebendort: keineswegs nur Start-, sondern auch Landeplätze für Modellflieger! Hauskonzerte, Erzählprogramme, Jazz- und Chansonabende – in der Volkshochschule? Nein, auf dem Förderturm! Drachenfeste auf dem Zechengelände! Doch damit nicht genug: Kaufpark, Netto, Malerwerkstatt! Partyservice, Haarstylist! Und dabei wurde das Beste noch gar nicht erwähnt: Ein Versandhandel, der behauptet, es gebe sie noch, die guten Dinge, verschickt seine Produkte von ausgerechnet wo in die Küchen und Gärten der qualitätssensiblen Mittelschicht? Genau, aus dem Ruhrgebiet. Aus der Maschinenhalle der Zeche Waltrop![14]

Räumlich nicht zu fassen, zeitlich bipolar gestört – ist das wirklich das letzte Wort über das Ruhrgebiet? Ist das Phantom, das sich im Rauch immerhin den Sinnen

zu erkennen gab, heute vollends zur Fata Morgana mutiert? Existiert es nur noch für die einen, die inbrünstig an seine Existenz oder seinen Mythos glauben, und die anderen, die diesen Glauben clever vermarkten? Ist die Schwerindustrie einer Illusionsbewirtschaftung gewichen? Auf den Außenstehenden, der sich bemüht, die Region unvoreingenommen zu betrachten, kann es durchaus so wirken.

Aber gilt das auch für die Innensicht?

Lassen wir es darauf ankommen. Lassen wir nach Bielefeld, der Stadt im nordöstlichen Außen, nun auch, verbunden mit einem aufrichtigen Dank für die geleisteten Dienste, den König der südwestlichen Außenperspektive zurück. Lassen wir den Kölner Heinrich Böll und das Jahr 1958 hinter uns. Tauchen wir ein in die Finsternis. Stellen wir unsere Linse scharf, öffnen wir die Blende. Richten wir den Fokus auf die Stadt Essen im Jahr 1978.

Es werde Licht!

II. SPUREN AM HELLWEG

NACH DER ZUKUNFT
BEGINNT DIE STADT

Peter Kolling erinnert sich noch genau, wie Ernst Schmidt zum ersten Mal die Heinrich-Heine-Buchhandlung betrat.[1] Nervös habe er gewirkt und sich, bevor er die Ladentür öffnete, mehrmals rechts und links über die Schulter gesehen. Als stünde er vor einem Sex-Kino. Diese furchtsame Umsicht zeigte er auch noch bei den nächsten Besuchen, erst mit der Zeit legte sie sich. Und so auffällig das Verhalten sein mochte, unverständlich war es nicht. Der junge Buchhändler jedenfalls wusste es zu deuten. Keine zweihundert Meter entfernt saß die Konkurrenz von der Karl-Liebknecht-Buchhandlung. Und die sah es überhaupt nicht gerne, wenn einer ihrer Stammkunden untreu wurde.

Aber was heißt hier Kunde? Und was war das für eine Treue? In die Liebknecht ging man ja nicht, um nach spannender Ferienlektüre zu suchen oder einem Weihnachtsgeschenk für die Schwiegereltern. Wer hier Bücher kaufte, der tat vieles auf einmal, aber nichts davon war welthistorisch bedeutungslos: sich mit ideologischer Nahrung versorgen; den theoretischen Standpunkt festigen; seinen Beitrag, und sei er noch so symbolisch, zum Klassenkampf leisten; auf Genossen treffen; gestandenen Parteikadern zuhören. Diese

Buchhandlung betrat man nicht nur wegen ihres Angebots, sondern auch, um die eigene Gesinnung zu pflegen – und sie zu zeigen. Wer in die Liebknecht ging, der stand meist der DKP nahe.[2] Hatte vielleicht mit Berufsverboten zu tun gehabt. Sah in den USA einen imperialistischen Aggressor. Hegte einen Generalverdacht gegen die Bundesrepublik. Hätte sich lieber die Zunge abgebissen, als Kritik an der DDR zu üben. Mochte vielleicht seinen Glauben an die Weltrevolution verloren haben, nicht jedoch an die Befreiung der Arbeiterklasse und der unterdrückten Völker in der – wie es damals hieß – Dritten Welt. Vor allem aber war, wer in die Karl-Liebknecht-Buchhandlung ging, überzeugt von der unverminderten Notwendigkeit eines beherzten Antifaschismus.

Ernst Schmidt war aus vollem Herzen Antifaschist.[3] Aber was hieß das? War er Kommunist? Schwer zu sagen. Mitglied in der DKP war er jedenfalls, so wie er zuvor schon, bis zu ihrem Verbot, Mitglied in der KPD gewesen war. Hatte er unter den Nazis gelitten? Nicht direkt zumindest. Vielleicht sogar eher im Gegenteil. Denn Antifaschist zu sein, das bedeutete für Ernst Schmidt in erster Linie die Chance, einen unverschuldeten Irrtum zu korrigieren. Als er 1945 begriff, dass ihm seine Jugend gestohlen worden war, da stand er – wie die meisten seiner Altersgenossen – vor der Ruine einer Biographie. Aber er hatte aus dem Krieg eine Idee mitgebracht, die ihm zeigte, wie sich aus den Trümmern dieses Lebens vielleicht doch noch etwas Sinnvolles aufbauen ließe.

1925 in Essen geboren, hatte Schmidt kein Elternhaus, das ihn vor der Indoktrination des NS-Staats hätte bewahren können. Und so sah er es, als er kaum das wehrfähige Alter erreicht hatte und die Rote Armee gen Westen rollte, als seine Pflicht an, die Heimat gegen den welthistorischen Antagonisten zu verteidigen. An dessen Vernichtungswillen und der schicksalhaften Bedeutung des Krieges konnte es ja nach allem, was man hörte, gar keinen Zweifel geben. Кто кого? Wer wen? So hatte bekanntlich Lenins taktische Generalmaxime gelautet. Und so konnte die Frage jetzt nur lauten: Wir die Bolschewisten oder sie uns? Doch als der junge Wehrmachtsoldat schließlich in die Gefangenschaft jener Macht geraten war, die er wie nichts auf der Welt zu hassen und zu fürchten gelernt hatte, da stellte er zu seiner Überraschung fest, dass dieser Feind ihm, statt ihn zu vernichten, ein Bildungsangebot machte. Was immer du über uns zu wissen meinst, wurde ihm im Lager mit fürsorglicher Strenge mitgeteilt, hat man dir in böswilliger Absicht beigebracht. Du bist zum Hass erzogen worden. Aber der Kommunismus ist eine Friedensmacht. Die Kriegsmacht, das ist der Faschismus. Um die Freiheit der Völker zu verteidigen, haben wir uns ihm in den Weg gestellt. In Spanien. In Italien. Vor allem aber gegen Hitler. Wir haben euer Volk vom Faschismus befreit. Geh nun zurück in deine Heimat und hilf der deutschen Arbeiterklasse, ein freies, demokratisches Land aufzubauen. Unterstütze, wo immer du bist, den antifaschistischen Kampf!

Das war nichts weniger als eine frohe Botschaft. Aber was bedeutete sie in einer Heimat, die den Kriegsgegner von gestern bald schon wieder als Feind betrachtete? Zunächst mal bedeutete es, den moralischen Leistungen des Antifaschismus überhaupt Gehör zu verschaffen. Doch dazu musste man sie dem Vergessen entreißen. Denn von den Opfern, die deutsche Arbeiter im Kampf gegen die Nazis erbracht hatten, war in Westdeutschland keine Rede. Man wusste nur, sofern man auf der richtigen Seite der Geschichte stand, dass gekämpft worden war. Und dass die Helden der Arbeiterklasse sich naturgemäß in Deutschlands größter Industrieregion besonders zahlreich aufhalten mussten. Aber sie hatten keine Namen.

Und so begann Ernst Schmidt 1965, nachdem ihn das Thema schon einige Zeit beschäftigt hatte, die Geschichte des antifaschistischen Widerstandes im Essener Raum zu erforschen. Was man auch als Privatgelehrsamkeit oder als Projekt bezeichnen könnte, das nannte Schmidt damals einen Auftrag. Denn der Anstoß zur systematischen Recherche war von einer Organisation gekommen: der *Vereinigung der Verfolgten des Naziregimes – Bund der Antifaschisten* (VVN-BdA), die überlebende Kommunisten und Sozialdemokraten gleich nach der Befreiung, im Sommer 1945, gegründet hatten.[4] Und wo diese einst ihr Leben riskierten, da opferte Schmidt nun seine Freizeit. Lektüre und lokale Recherche am Feierabend, Archivbesuche im Urlaub, Schreiben an den Wochenenden, kein Wunder, dass sich die Arbeit hinzog. Doch nach über zehn Jahren fand sie schließlich ein Ende, zumindest vorläufig. *Lichter in der Finsternis. Widerstand und Verfolgung in Essen 1933–1945* wurde 1978 fertiggestellt und Anfang 1979 veröffentlicht, bei Röderberg, einem Frankfurter Verlag mit klar kommunistischer Linie.

Die Röderberg-Bände der Reihe *Bibliothek des Widerstandes* waren auch im linksradikalen Kollektiv an
der Uni zu bekommen, aber eigentlich gehörten sie in
die Karl-Liebknecht-Buchhandlung. *Ruhrarbeiter gegen
den Faschismus* etwa, ein thematisch verwandtes Buch,
das der junge Historiker Detlev Peukert, ein Freund und
Parteigenosse Schmidts, drei Jahre zuvor ebenfalls bei
Röderberg publiziert hatte, stand im Sortiment von
Liebknecht so selbstverständlich wie ein Blümchen
auf der Frühlingsalm.[5] Und auch Schmidts *Lichter in
der Finsternis* bekam man natürlich dort. Doch das Problem war: Was zu passen schien, was vielleicht noch
1976 gepasst hätte, das passte 1978 nicht mehr. Denn als
im selben Jahr, nur einen strammen Stahlkocherstein-
wurf entfernt, die Heinrich-Heine-Buchhandlung auf-
machte, da wusste Ernst Schmidt plötzlich, dass er eigentlich woandershin gehörte als zu Liebknecht und zur
DKP. Und er fühlte, dass es nun einen Ort gab, an dem
er die Ergebnisse seiner jahrelangen Recherche der Öffentlichkeit präsentieren wollte.

Lichter in der Finsternis ist ein berührendes, im besten
Sinne demütiges Buch. Hier stellte sich jemand in den
Dienst einer Sache, die, als es darauf ankam, nicht seine
eigene gewesen war. Und das tat er, indem er nicht die
Geschichte dieser Sache erzählte, etwa in Gestalt einer
Organisation, einer Partei oder einer Bewegung, sondern die vielen Geschichten von Menschen, die aus ganz
unterschiedlichen Gründen den Mut gefunden hatten,
sich den Nazis zu widersetzen. Es sind einzelne Personen und Ereignisse, die dem Buch seine sehr konkrete
Struktur geben. Die Kapitel tragen Überschriften wie:

Die unfreiwillige Bauchlandung eines Meisters. Ernst van Asselt verteilt Flugblätter – Willi Agatz und sein »Zellenbesucher« Hermann Göring – Die Echternacher Springprozession 1938 und die Emigrantin Anna Fichter – Für Spaniens Freiheit. Der Interbrigadist Robert Weinand berichtet – Wehrkraftzersetzung und Heimtückevergehen. Was war das? Zwei Schicksale geben Antwort – Der Fenstersprung aus dem Essener Polizeipräsidium. Im Gespräch mit Artur Müller.[6] Und die Menschen, über die das Buch berichtet, werden mit scheuem Respekt behandelt. Oft sprechen sie ganze Absätze lang in wörtlicher Rede, bevor der Autor ein knappes Fazit zieht oder dem Sprecher einen Moment lang eine fast statuarische Präsenz verleiht: »Robert Weinand schwieg. Er hatte während seiner Schilderung innerlich noch einmal alles erlebt, was schon so lange zurücklag. Darum stellte ich auch keine Fragen mehr.«[7]

Doch so ausführlich hier andere sprechen, das erste Wort dieses Buchs lautet: ich. Und der Satz, mit dem es beginnt, ist ein Geständnis: »Ich selbst gehörte nicht zum deutschen Widerstand.«[8] Zum Geist eines solchen Textes, der von Menschen in der Geschichte erzählte und sich mit ihren Taten und Schicksalen identifizierte, ohne aber die eigene Geschichte zu verleugnen, passte der Ort seiner Präsentation ideal. Denn der Name, mit dem sich die neue Buchhandlung von der Konkurrenz absetzte, war Programm.

Karl Liebknecht war ein Märtyrer, der sein Leben der Revolution geopfert hatte. Auch Heinrich Heines Standpunkt war aus progressiver Sicht über jeden Zweifel erhaben, immerhin hatte der Kampf für eine bessere

Zukunft ihn ins Exil getrieben. Doch er hatte diesen Kampf nicht über sich selbst gestellt. Heines scharfzüngige Artikel sind heute so gut wie vergessen – anders als die Dichtung, die er im Geist einer selbstreflexiven Romantik verfasste. Und so äußert sich denn in seinem berühmtesten Gedicht nicht nur beißender Spott, es spricht aus ihm auch ein lyrisches Ich: »Denk' ich an Deutschland in der Nacht« ...

Wenn Peter Kolling über die Buchhandlung spricht, die er 1978 zusammen mit Friedhelm Eggers eröffnete, dann tritt ihm immer wieder eine bübische Freude ins Gesicht. Wie oft passiert es schon, dass man einen Laden aufmacht und gleich in den ersten Tagen an den Coup zu glauben beginnt, der einem da offenbar geglückt ist? Zunächst kam ein schlecht getarnter SPD-Spion. Er sah sich kurz um und ließ dann wissen, dass er die Sache durchschaut hat: Alles klar, noch eine Außenstelle der DKP. Dann kam die DKP, in Person von Manfred Kapluck, einem beinharten Kommunisten, der schon von Weitem an seinem schwarzen »Heimkehrermantel« zu erkennen war. Er sah sich kurz um und ließ dann wissen, dass er die Sache durchschaut hat: Alles klar, ihr habt SPD-Parteibücher in der Tasche. Und schließlich fuhr ein bonbonfarbener Straßenkreuzer aus den 50ern vor, zwei Typen mit dicken Goldketten stiegen aus und betraten den Laden. Sie sahen sich kurz um und fragten dann so beiläufig wie ungelenk: Habt ihr was von Stalin da? Das waren die Zuhälter aus der Stahlstraße, die nur möglichst unauffällig herauszufinden versuchten, wer sich da in ihrem Kiez niedergelassen hatte.

Wie die Karl-Liebknecht verstand sich die Heinrich-Heine nicht nur als ein Fachhandel für Bücher, sondern auch als ein linkes Projekt. Nur war die Idee eine ganz andere. Denn die Zeiten hatten sich geändert. Aber wie? Folgt man der Chronologie des Historikers Gerd Koenen, ging 1977 das »rote Jahrzehnt« zu Ende.[9] Dabei hatten die dramatischen Ereignisse des »Deutschen Herbstes« nur auf die Spitze getrieben, was schon in den Jahren zuvor immer deutlicher zu spüren war. Das Gefühl des revolutionären Aufbruchs, das die Generation der Wohlstandskinder – symbolisch verdichtet in der Jahreszahl 1968 – auf die »innere« Befreiung, auf das Ende der modernen »Entfremdung« und damit auf den Bereich der Kultur, des Konsums, der Lektüre und der Lebensführung verlagert hatte, kühlte sich Mitte der 1970er-Jahre merklich ab. Auf die Ölkrise von 1973 waren Jahre des wirtschaftlichen Niedergangs gefolgt. Und schon ein Jahr zuvor hatte der Club of Rome mit seinem Bericht *Die Grenzen des Wachstums* die Epoche der ökologischen Krisen eingeläutet.

Und wieder änderte sich mit den Zeiten auch das Zeitgefühl. »Nach dem Boom«, wie die Historiker diese Jahre heute umschreiben, bedeutete in vielerlei Hinsicht auch: nach der Zukunft.[10] In dem von der Wirtschaftskrise besonders heftig gebeutelten Großbritannien sollte bald der Slogan *No Future* Karriere machen. Doch auch diesseits jugendlicher Subkultur kündigte sich ein Wandel des historischen Zeitbewusstseins an. Das geschichtsphilosophische Denken, das sich seit dem 18. Jahrhundert die Zukunft als Ergebnis des Fortschritts vorgestellt hatte, sei es messianisch als Utopie oder Revolution, sei es pragmatisch als Prozess des Wachstums und der Modernisierung, wich nun in Kunst, Wissenschaft und politischer Kultur zunehmend einer Orientierung an der Vergangenheit.

Ernst Schmidt hatte seine Recherchen noch ganz im Zeichen geschichtsphilosophischer Ideologie aufgenommen. Die Taten des Antifaschismus zu würdigen, hieß für ihn im Sinne seiner sowjetischen Lehrer auch, den Kräften des Fortschritts Oberhand über ihre reaktionären Widersacher zu verschaffen. Doch als die Ergebnisse schließlich vorlagen, da schien es, als seien sie im Laufe ihrer Entstehung der Zeit vorausgeeilt. Die subjektive, nuancenreiche, fast literarische Form, die noch vor dem Archiv die Erinnerung zu Wort kommen lässt, passte jedenfalls viel besser in das Jahr 1978 als in das Jahr 1965. Und darum war die eigenartige Mischung dieses Buchs auch wie gemacht für die Heinrich-Heine-Buchhandlung. Deren Sortiment deckte ab, was weder bei der bürgerlichen noch bei der doktrinär linken Konkurrenz zu finden war: Kritische Theorie, Psychoanalyse, bald auch die französischen Poststrukturalisten, vergessene oder übersehene Literatur von DDR-Dissidenten, die Dichter und Denker der Weimarer Republik, programmatische Texte der »neuen sozialen Bewegungen«, sei es mit feministischem, ökologischem oder pädagogischem Schwerpunkt, und schließlich, von Jahr zu Jahr stärker vertreten: lokalgeschichtliche Studien und persönliche Erinnerungen.

Gefragt, was Eggers und ihn damals zur Gründung bewegte, kommt Peter Kolling immer wieder auf einen Begriff zurück: Gegenöffentlichkeit. Es gab ein Grundgefühl, das die beiden damals mit vielen Zeitgenossen teilten – und bald mit vielen Bewohnern ihrer Stadt verbinden sollte. Man schlägt morgens die Zeitung auf, die *WAZ* oder die *Neue Rheinische*; man schaltet abends den Fernseher an, ARD, ZDF oder WDR; man geht in irgendein Staatstheater – und überall ist es das Gleiche: Was man selbst für wichtig hält, was einen umtreibt und bewegt, die eigene Lebenswelt, die ungelösten Probleme, brennenden Fragen und schwelenden Konflikte, all das kommt nicht vor. Was vorkommt, das sind die wohlverdauten und durchredigierten Positionen des Staates und der Organisationen. Verlautbarungen, Zurechtweisungen, Vernünftelei im Lehrerton und vor allem: lautes Schweigen.

Als der fast gleichaltrige Ludger Claßen kurze Zeit später mit einigen Freunden eine Essener Stadtzeitung gründet, ist genau wie bei der Heinrich-Heine-Buchhandlung der Name Programm: *Standorte* heißt sie – und eines ihrer Mottos lautet: *WAZ fehlt.*[11] Es ist die lokale Perspektive, die hier das Wort ergreift, und diese Perspektive gibt es nur im Plural. Die offiziösen Medien kennen dagegen nur den unpersönlichen Singular der dritten Person: Stimmen, die sprechen, aber sich nicht zu erkennen geben. Kein Ich, kein Du – in dieser Medienrealität spiegelt sich für diese jungen Erwachsenen das Kerngebot autoritärer Erziehung: keine Diskussion! Und genau wie für ihre eigenen Projekte haben sie auch Namen für die versteckten Mechanismen, gegen die sie aufbegehren. Claßen spricht von »SPD-Mafia«, vom »Machtapparat der Hinterzimmer«, vom »Nepotismus der Organisationen«; Kolling nennt das eigene

Programm »links ohne Zensur«, und in dieser Hinsicht gab es für ihn damals keinen Unterschied zwischen einer DKP-Buchhandlung wie der Karl-Liebknecht und einem SPD-Land wie Nordrhein-Westfalen.

Ein Schlüsselmotiv für den Aufbruch der späten 1970er lag in der entschiedenen Bereitschaft zum Konflikt. Natürlich war die nicht neu, diese Generation hatte schließlich ein gutes Jahrzehnt lang – zumindest zwischen den Räuschen – mit ihren Eltern, Lehrern und Professoren gestritten. Aber als die jungen Leute ins Arbeitsleben eintraten, änderte sich allmählich auch die Geste ihrer Kritik. Während sie sich als Studenten – mit Marx, Mao, Meinhof und Musik munitioniert – in provokativer Subversion geübt und auf die erwartbaren Reaktionen mit Faschismus-Vorwürfen reagiert hatten, ging es ihnen nun darum, für ihre Anliegen, wie sie sagten, »eine Öffentlichkeit zu schaffen«.

Wo man vorher die Konfrontation mit dem ausgestreckten Zeigefinger gesucht hatte, da entstanden nun Bühnen für Themen, die lange unsichtbar gewesen waren. Und diese Bühnen ließen sich praktisch überall aufbauen. Man brauchte nicht mehr als Stühle, Mikros und einen Raum, in den ein paar mehr Leute hineinpassten als in eine WG-Küche. In Essen konnte das im Grillo-Theater sein, im Jugendzentrum Papestraße, in einem Hörsaal der PH – oder eben in der Heinrich-Heine-Buchhandlung. Und weil die Form dieser Themen nicht mehr die Parole oder eine Spielart marxistischer Theorie war, sondern ein streitbarer, oft aus persönlicher Perspektive geschriebener Text, suchten die jungen Erwachsenen ihre Öffentlichkeit nun weniger laut skandierend oder still studierend als leise vortragend und erregt diskutierend: bei Buchvorstellungen und auf Lesungen, die Autor und Werk als ansprechbare Einheit präsentierten.

Und wie reagierte die Hauptöffentlichkeit auf die Offensive der Gegenöffentlichkeit? Wie bestellt. Als etwa Peter Brückner im Jugendzentrum aus seinem dokumentarischen Buch *Die Mescalero-Affäre* – ein anonymer Nachruf hatte »klammheimliche Freude« über die Ermordung Siegfried Bubacks geäußert – las oder als Erich Fried im Grillo-Theater Verständnis für die Motive staatsfeindlicher Gewalt zeigte, da gab es die erhofften Skandale. Und als der ehemals militante Schriftsteller Peter-Paul Zahl nach seiner Haftentlassung – er hatte einen Polizisten bei einem Schusswechsel lebensgefährlich verletzt – in Essen auftreten sollte, verweigerten alle öffentlichen Häuser ihre Räumlichkeiten. Sogar im Landtag wurde erregt über den vermeintlichen Polizistenmörder debattiert. Eine bessere Werbung hätte man sich kaum ausmalen können. Die Sache fand schließlich im Fachbereich Germanistik an der PH statt. Der Saal war brechend voll. Der Büchertisch bald leer gekauft.

//

1978 begann im Ruhrgebiet etwas, das es hier bisher nicht gegeben hatte: Stetigkeit. Denn der subkulturelle Aufbruch in die Welt der subjektiven Befindlichkeiten, der lokalen Perspektiven, der Bürgerinitiativen und Graswurzelbewegungen sollte sich als nachhaltig erweisen. Aus Gegenöffentlichkeit wurde Öffentlichkeit. Aus Projekten wurden Strukturen. Und weil das Aufbegehren mit den Jahren zu einer Mentalität reifte, die sich ohne Selbstaufgabe an veränderte Umstände anzupassen vermochte, sind aus den jungen Leuten ältere Erwachsene geworden, die heute mit Stolz auf ihr Lebenswerk zurückblicken.

Peter Kolling hat seine Liebe zu den Büchern ein wenig bürgerlich ausgepolstert, ohne dabei auch nur ansatzweise zu verbiedern. Zusammen mit Beate Scherzer, die vom Grillo-Theater kam, betreibt er heute die Buchhandlung *Proust – Wörter und Töne*. Und wenn auch alles eine Spur schicker ist als damals: Wer eine Lesung erleben will, bei der zwei preisgekrönte Autoren wie Ingo Schulze und Frank Witzel ebenso ausdauernd wie unterhaltsam den Geist einer immer noch überraschend lebendigen Literaturszene in die Gesellschaft tragen, der ist heute bei Proust genauso richtig wie vor 45 Jahren bei Heine.

Doch die Heinrich-Heine-Buchhandlung hätte sich von so vielen anderen, die zur selben Zeit überall in Westdeutschland entstanden, kaum unterschieden, hätte es nicht in Essen seit 1983 auch einen Verlag gegeben, der sie – es ist kaum übertrieben – fast täglich mit neuem Lesestoff belieferte. Und dieser Stoff hatte sehr oft einen Bezug zur Region. Mal historisch, mal politisch, mal literarisch, mal fotografisch, mal sportlich, mal bewegt, mal erwartbar, mal experimentell – aber immer wieder hieß es: Ruhrgebiet, Ruhrgebiet, Ruhrgebiet. Wie ein Mantra. Im Rückblick scheint es fast, als sei diese rastlose Produktion von Büchern aus einem Überlebenskampf entstanden, einer wilden Entschlossenheit, im Medium des Textes genau da eine Dauer herbeizuschreiben, wo in der Realität gerade alles den Bach runterging.

Um die Stimmung der 1980er-Jahre zu erfassen, erscheinen Bezeichnungen wie »Strukturwandel« oder »Krise« ja viel zu schwach. Sie klingen wie technokratische Euphemismen. Ludger Claßen spricht dagegen offen aus, was damals in der Luft lag: Depression und Verzweiflung. Schonungslos, ohne Umschweife, direkt zur Sache – dafür hat der Volksmund zwischen Ruhr und Emscher einen Ausdruck: Klartext. Und so hieß denn auch der Verlag, den Claßen, nachdem er schon zwei Jahre für ihn gearbeitet hatte, seit 1985 über dreißig Jahre lang leitete: Klartext-Verlag. Und auch hier ist der Name Programm. Er meint nicht nur das Gegenteil des »Hinterzimmers«, der »mafiösen« Verschwiegenheit – in ihm klingt auch die Mundart eines Menschenschlags durch, der ebenso gut austeilen wie einstecken kann und der fast alles aushält, nur kein Gelaber.

Wenn es in der Welt des post-industriellen Ruhrgebiets eine Analogie zur flüchtigen Dauer, zum lebendigen Atem des Rauchs gibt, dann ist es ein Verlagshaus, das in vier Jahrzehnten über viertausend Bücher produziert hat, gut einhundert pro Jahr also, zwei pro Woche, alle drei bis vier Tage eines.[12] Als Ludger Claßen im März 2023 von seinem Leben im Ruhrgebiet und der Geschichte seines Verlages erzählte, hatte er einige davon auf seinem großen Küchentisch aufgestapelt. Es schien, als werde ihm seine Heimatregion in ihrer merkwürdigen Gestalt und ganzen Widersprüchlichkeit durch »seine« Bücher auf eine Weise greifbar, wie es kein Ort, keine Organisation, keine Tradition und kein Verein vermocht hätte. Dass er schwer erkrankt war, teilte er so beiläufig mit, dass Betroffenheit gar nicht erst aufkommen konnte, zwischen zwei Sätzen, in denen es nicht um ihn ging. Klartext kann sehr leise sein. So, wie umgekehrt der Lärm eines erfolgreichen Mannes Bescheidenheit ausstrahlen kann. Neben dem Haus parkte eine kleine *Ape*, die Piaggio der italienischen Marktverkäufer. *Ape* heißt Biene. Bienen sammeln Nektar. Und so fuhr der in seiner Beweglichkeit eingeschränkte Verleger bis zuletzt kreuz und quer durch seine Heimatstadt, immer noch brennend interessiert an einer Welt, die er bereits besser kannte als alle anderen. Wenn einem in der Nachbarschaft ein knallrotes Dreirad mit Laderaum entgegenknatterte, dann wusste man schon von Weitem: Da kommt die Biene Ludger.

Als er wenige Wochen später starb, lautete die Überschrift des Nachrufs von Andreas Rossmann: »Er hat das Ruhrgebiet lesbar gemacht«. Und vielleicht ist das noch zu wenig gesagt.[13] Es könnte sein, dass Ludger Claßen und die Bücher des Klartext-Verlages das Ruhrgebiet sogar gerettet haben. Oder vielleicht eher: neu erfunden. Nicht allein, natürlich. Aber dass man heute, wo der Rauch die Städte nicht mehr verbindet, mit so großer Selbstverständlichkeit immer noch von einer Einheit dieser Region ausgeht, das wäre ohne die von ihm verlegten Bücher womöglich nicht der Fall. Denn nicht nur die Fotografie, auch das Medium des Textes kennt ja die Serialität. Eine Zeitung, die über eine Nation, eine Stadt, eine Region, eine politische Bewegung berichtet, bekräftigt Tag für Tag oder Woche für Woche die Realität vorgestellter Dinge. Meist tut sie das aber in einem Rahmen, der sich mehr oder weniger von selbst versteht. Wenn das jedoch nicht der Fall ist, dann genügt eine Zeitung nicht. Und schon gar nicht die bereits vorhandene.

Die *WAZ* behauptet Tag für Tag die Existenz des Ruhrgebiets, aber die Verhältnisse, denen sie ihre Gründung verdankt: die gibt es nicht mehr. *WAZ fehlt* – das Motto der von Claßen gegründeten Stadtzeitung ließ sich ja nicht nur als Anzeige einer Repräsentationslücke verstehen, sondern – etwas freier gedeutet – auch als Hinweis, dass hier einem Organ des Überbaus gerade seine Basis flöten ging. Die Produktivkräfte, denen die Organisationen, die Konzerne, die Interessenverbände, die SPD ihre Macht und eine Zeitung wie die *WAZ* ihre primäre Leserschaft verdankten: die alles bestimmende Schwerindustrie lag im Sterben. Und was immer die Region ausmachte, sollte sie nach dem Untergang der Kräfte, denen sie ihre Existenz verdankte, in irgendeiner Form weiterbestehen, würde man sie pflegen müssen. Nicht im Sinne einer Krankenbehandlung, denn der Patient war in den 1980er-Jahren kaum noch zu retten. Sondern im Sinne von *colere*, dem lateinischen Wort für »pflegen«, von dem sich unser Lehnwort »Kultur« herleitet. Wer das Ruhrgebiet erhalten wollte, der musste es in all seinen Aspekten kultivieren. Und genau das tat der Klartext-Verlag, bis an die Grenze zum Kult. Indem er im Takt einer Zeitschrift Ruhrgebietsbücher veröffentlichte, wurde der Verlag zu einem Zeitpunkt, als der Atem der Schlote versiegte, für einen Sozialraum, wo die Institutionen fehlten, wo Tradition ein Pfeifen im

Walde war, wo den Großbetrieben und Organisationen die Verhältnisse allmählich entglitten, zu einem Hort der kulturellen Beständigkeit.

Als *Lichter in der Finsternis* 1988/89 zweibändig in dritter Auflage erschien, war der Verlag nicht mehr Röderberg, sondern ganz selbstverständlich: Klartext.[14] Und damit schloss sich ein Kreis. Nachdem Ernst Schmidt, heimgekehrt aus der sowjetischen Kriegsgefangenschaft, zunächst den von ihm selbst unbemerkten Widerstand in der eigenen Umgebung erforscht und die Ergebnisse dann in der Heinrich-Heine-Buchhandlung vorgestellt hatte, war sein Antifaschismus ein drittes Mal in Essen angekommen.

DIE SCHUL VON
ESSEN

Mit der Geschichtsphilosophie waren auch die Akteure der regulierten Moderne, die Großverbände und Organisationen der Industriegesellschaft, ins Wanken geraten. Im Ruhrgebiet allerdings bäumten sich diese Riesen 1978 noch einmal so mächtig auf, dass man kaum merkte, wie schlecht es um sie stand. Fast zwei Jahrzehnte lang hatte das korporative Interessengeflecht seinen Niedergang dank satter Staatshilfe erfolgreich verwaltet. Doch 1975, gerade als das Konsolidierungskartell der Ruhrkohle AG mit dem Kohlepfennig die Zukunft der verbleibenden Zechen gerettet zu haben schien, begann die weltweite Stahlkrise – und mit ihr das Ende eines Sozialidylls, das die Region so lange in trügerischer Sicherheit gewogen hatte.[1] In den kommenden drei Jahren wurden in den Hüttenwerken 41 000 Stellen gestrichen. Um den bedrohlichen Trend aufzuhalten, hieß die neue Zauberformel der Gewerkschaften: Verkürzung der Wochenarbeitszeit. Und so sah man an der Ruhr plötzlich etwas, das es dort seit 1928 nicht mehr gegeben hatte: streikende Stahlkocher, unversöhnlichen Arbeitskampf. Zunächst schien es, als sollte die IG Metall mit ihrer Streik-Kampagne für die 35-Stunden-Woche die Arbeitgeber überrumpeln. Doch kurz vor Weihnachten hatte sich auch die Gegenseite formiert. Der *Spiegel* berichtete:

Egon Overbeck, Vorstandschef des Stahlkonzerns Mannesmann AG, erinnerte sich an alte Zeiten. Der Streik sei eine Art »Angriff« und müsse »zurückgeschlagen werden«, feuerte der frühere Berufsoffizier die Kollegen des Arbeitgeberverbandes der Stahlindustrie an. Über Marschroute und Entschlossenheit des Verbandes dürften Zweifel gar nicht erst aufkommen: »Nicht kleckern, klotzen.«

Auch als einige seiner Zuhörer auf der Mitgliederversammlung des Stahlverbandes die Erfolgsaussichten dieser Taktik in Frage stellten und darauf hinwiesen, daß die deutschen Militärs mit dieser Devise zuletzt, vor 33 Jahren, nicht weit gekommen seien, blieb der Major im Generalstab a. D. unnachgiebig: »Wir haben zwar den Krieg verloren, aber viele Schlachten gewonnen.«

Mit dem Rückgriff auf die Vergangenheit wollte der Stahlmann seine noch zögernden Kollegen überzeugen, daß der Streik der Stahlkocher mit Aussperrungen beantwortet werden müsse. Overbeck setzte sich durch. Am Freitagmorgen um sechs Uhr standen 29 000 Stahlkocher in den Werken von Hoesch, Klöckner, Krupp, Thyssen und Mannesmann vor verschlossenen Toren: Der Arbeitskampf an der Ruhr trat in seine zweite, entscheidende Phase ein.[2]

Es kann offen bleiben, inwiefern Egon Overbeck ein Faschist war oder wie es in Deutschland meist hieß: ein

Nazi. Auf jeden Fall hatte er nicht nur kein Problem mit seiner eigenen Biographie im Faschismus, oder wie es in Deutschland meist hieß: in der Nazi-Zeit – er konnte sie sogar als symbolische Ressource mobilisieren, als es in einer krisenhaften Situation galt, die Reihen seines Verbandes zu schließen. Und weil das 1978 noch ging, war der Antifaschismus in Deutschland stärker als anderswo nicht nur das Herz der kommunistischen Geschichtsmythologie, sondern auch Teil einer Vergangenheit, die alles andere als vergangen war. Die antifaschistische Wachsamkeit hatte in den Jahren zuvor allerdings eher dem extremistischen Rand des bürgerlichen Spektrums gegolten, vor allem der 1964 gegründeten NPD. Doch die Selbstverständlichkeit, mit der drei Jahrzehnte nach Kriegsende ein zentraler Konflikt der Gegenwart öffentlich durch Wehrmachtsmetaphern interpretiert werden konnte, machte deutlich, dass das Dritte Reich auch in der gesellschaftlichen Mitte weiterhin ein munteres Nachleben führte. Wenn sich Ende der 1970er-Jahre vor allem auf linker Seite die Klagen über eine »unbewältigte Vergangenheit« häuften, so hatte das aber – wie alle sozialpsychologischen Phänomene – mehr als nur eine Ursache.

Seit dem Kriegsende waren gut dreißig Jahre, also die Spanne einer Generation, vergangen. Die Kriegskinder rückten anstelle der Kriegsteilnehmer in die Schlüsselstellen der Gesellschaft ein. Und mit der Autorität ihrer Positionen gewann nicht nur ihre Kritik an den Eltern an Gewicht. Nachdem sie die theorieseligen Jahre der Rebellion hinter sich gelassen hatten, wurde auch ihr Fragen konkreter und ihr Interesse an der Vergangenheit ernster. Daneben aber spielten zeithistorische Umstände eine Rolle. So hatte die Konjunktur der Vergangenheitsbewältigung in der Bundesrepublik nicht zuletzt auch mit der Flaute auf den Weltmärkten zu tun. Zum einen wuchs die Bedeutung der Vergangenheit als Medium der Sinnstiftung im gleichen Maße, wie die Hoffnung auf ökonomisches Wachstum und sozialen Fortschritt schwand. Nach dem Wirtschaftsboom, das hieß auch: hinein in den »Geschichtsboom«, wie die Zeithistoriker die Welle der Museumsgründungen, der historischen Ausstellungen, der Denkmalinitiativen und Geschichtswerkstätten bald nennen sollten.[3]

Zum anderen aber wuchs mit der Härte der Verteilungskämpfe auch die Tendenz, in der Gegenseite weniger den »Sozialpartner« als einen ideologisch verbohrten Widersacher zu sehen. Und so wurde plötzlich eine Frage akut, die bisher eher nebensächlich gewesen war. Wer saß einem da am Verhandlungstisch eigentlich gegenüber? Was waren das für Leute, die beim Streik jede Kompromissbereitschaft vermissen ließen? Aus welchem Geist speisten sich umgekehrt die Aussperrungen? Und auf welche Begriffe und Metaphern brachte man eine Auseinandersetzung, bei der es inzwischen mehr zu verlieren als zu gewinnen gab? War es Klassenkampf? War es eine Art von Krieg? War der andere ein Kommunist? War er Faschist? Denn war der Faschismus nicht, nach Georgi Dimitroffs berühmter Formel, »die terroristische Diktatur der am meisten reaktionären, chauvinistischen und imperialistischen Elemente des Finanzkapitals«?[4] Und hatte Egon Overbeck nicht gerade mehr oder weniger unverhohlen zur Abwehrschlacht gegen eine Rote Armee geblasen? Jedenfalls schien es mangels Übung – die letzten Streiks lagen fünfzig Jahre zurück – nahezuliegen, auf Erfahrungen und Vokabular aus einer Zeit zurückzugreifen, als sich die Mechanismen der sozialen Marktwirtschaft noch nicht eingespielt hatten. Denn diese Zeit war ja keineswegs, wie es ein gängiges Vorurteil will, vergessen oder verdrängt. Einerseits hatte man mit ihrem Ungeist auch ihre Sprache immer dann heraufbeschworen, wenn es galt, soziale Konflikte, die nicht leicht zu lösen waren, zu einem Kampf auf Leben und Tod zu dramatisieren. Dass man etwa »die Langhaarigen vergasen« solle, gehörte in den 1960er- und 1970er-Jahren zur bundesrepublikanischen Alltagssprache. Andererseits hatte man da, wo sich soziale Beziehungen halbwegs einvernehmlich regeln ließen, einfach nicht über die NS-Vergangenheit geredet.[5] Um des lieben Friedens willen. Weil es nichts geändert hätte. Aber auch, weil es, zum Beispiel im Wiederaufbau des Landes und in der Mehrung des Wohlstands, gemeinsame Ziele gab.

Diese Praxis des – wie Hermann Lübbe es nannte[6] – »kommunikativen Beschweigens« hat der Soziologe Heinz Bude am Beispiel von Hanns Martin Schleyer und Willy Bleicher eindrücklich beschrieben.[7] Der eine hatte als Gewerkschafter und Kommunist das Konzentrationslager Buchenwald überlebt, während der andere in die NSDAP und die SS eingetreten war und als Industriefunktionär im »Reichsprotektorat Böhmen und Mähren« an der Arisierung der dortigen Wirtschaft und der Rekrutierung von Zwangsarbeitern mitwirkte. Doch »durch Gottes Zorn oder durch menschliches

Schicksal«[8], so Bleichers Kollege und Nachfolger Franz Steinkühler, saßen sich die beiden von 1962 bis 1968 in baden-württembergischen Tarifverhandlungen gegenüber: Bleicher als Bezirksleiter der IG Metall, Schleyer als Vorsitzender des Verbandes der Metallindustrie. »In der Solidarität sehr unterschiedlicher, aber trotzdem gemeinsamer Betroffenheit«, schildert Bude den Geist dieser Aufeinandertreffen,

akzeptierten die Verhandlungspartner ihre spezielle Rolle in der Wiederaufbaumoderne. [...] Das war keine Solidarität des Kampfes, die einen in den Krieg geführt hatte, sondern eine Solidarität des Ausgleichs und der Vermittlung, die nach einer Zeit endloser Zerstörung allen einen Platz in einer sozialen Marktwirtschaft zubilligte. Willy Bleicher und Hanns Martin Schleyer führten harte Arbeitskämpfe, ließen aber nie einen Zweifel an der Herstellbarkeit einer Ordnung im Dienste eines »Wohlstands für alle« (Ludwig Erhard) und einer Nivellierung des Lebenszuschnitts in der Mitte (Helmut Schelsky). Man wundert sich heute, wie das ging. Beide wollten ihren Laden im Griff haben. Doch die jeweilige Prägung der Person als Opfer und Täter im Nationalsozialismus konnten außen vor bleiben, weil die Verhandlungspartner sich dem gemeinsamen Projekt des Wiederaufbaus verschrieben hatten. Die letzten Fragen klärten die beiden Raucher gerne in Vieraugengesprächen, in denen immer eine Schachtel Zigaretten der Marke »Simon Arzt Orient« bereitstand.[9]

Man muss diese vielfältigen Verschiebungen – den zeitlichen Abstand zum Dritten Reich, die gewachsene Reife der Kriegskinder und die Verschärfung der wirtschaftlichen Lage »nach dem Boom« – im Blick behalten, um zu begreifen, warum in den sozialen Konflikten der späten 1970er-Jahre die NS-Vergangenheit mehr denn je in konkreter Sprache präsent war.

Vor diesem Hintergrund lässt sich vielleicht auch die Irritation besser verstehen, die ein Detail aus Ernst Schmidts *Lichter in der Finsternis* in der Essener Stadtöffentlichkeit auslöste. Sowohl der Widerstand gegen die Nazis als auch die Realität des Krieges, sei es an der Front, sei es im Bombenkeller, hatte im Bewusstsein der Deutschen einen festen Platz. Man mochte davon schweigen, darüber reden oder die Konflikte der Gegenwart durch die Beschwörung der Vergangenheit dramatisieren – diese Erfahrungen des Dritten Reichs waren lebendiger Teil der Erinnerung. Keineswegs vergessen, waren sie mehr denn je umkämpft. Doch für eine andere Dimension des Nationalsozialismus, für ein Leiden, das sich weder auf Begriffe des Kampfes noch der Entbehrung bringen ließ, galt das nicht.

//

In den Räumen der alten Essener Synagoge befand sich 1978 ein Museum für Industriedesign. Wie bitte, Design? – Ja, was glaubt ihr denn, wofür wir uns in den Gruben dreckig machen? Warum wir an den Hochöfen Blut und Wasser schwitzen? Damit sich Kohle und Stahl in Schönheit verwandeln! Gewissermaßen in Ästhetik!

Man konnte mittlerweile auch schick im Ruhrgebiet, wo *Maloche und Minirock* – so der Titel eines einschlägigen Bildbandes – längst heftig miteinander flirteten. Was es dagegen mit dem Gebäude des Museums auf sich hatte, interessierte niemanden. Nicht aus bösem Willen, sondern aus Vergesslichkeit. Es gab einfach keine Menschen mehr, die es zweckgemäß zu nutzen gewusst hätten. An der Synagoge ging man vorbei wie an einer Endmoräne, die irgendeine Eiszeit in die Nachbarschaft geschoben hatte. Das ist nun mal der Lauf der Zeit. Neue Dinge erregen Aufmerksamkeit, und nach einer Weile sind sie einfach da, so wie Supermärkte und Wolken da sind. Doch die Geschichte dieses Gebäudes war anders.

Wenn Hans-Joachim Kulenkampff am Samstagabend in Fernsehen fragte, was eine Synagoge ist, mochte es der eine oder andere gewusst haben. Aber dass das »Haus Industriereform« in der Steeler Straße mal ein jüdisches Gotteshaus gewesen war, das wurde zumindest den Lesern von *Lichter in der Finsternis* erst so richtig klar, und zwar schlagartig, als sie die Mitte des Buchs erreicht hatten. Da konnten sie nämlich sehen, wie Essener Bürger, einfache Volksgenossen in Mantel und Hut, das wohlbekannte Gebäude in brennendem Zustand beobachten – mit einer untätigen Aufmerksamkeit, in der sich die geschäftige Achtlosigkeit, mit der sie selbst tagtäglich an dem Haus vorbeieilten, auf geradezu schmerzhafte Weise spiegelte.[10] Und unter dem Foto stand zu lesen: »Die brennende Essener Judensynagoge am Morgen nach der Kristallnacht im November 1938«.

»Judensynagoge« – der Pleonasmus zeigt, dass der Autor um Worte verlegen war für das, was er da zeigte.

Dass es ihm bei aller Empathie auch fremd war. Denn
das war es tatsächlich. Schmidt schrieb über das Pogrom
vom 9. November 1938 nicht nur mit aufrichtiger Em-
pörung und Mitgefühl, sondern auch wie ein Tourist,
der nach einem Sommer voller Gaumenfreuden nun
auch zu Hause nach »Baguettestangen« oder »Parme-
sankäse« sucht. Nur, dass die Erfahrung, die hier in die
Leere einbrach, kein bisher ungekanntes Begehren war,
sondern ein Schock. Schmidt machte bei seiner Recherche eine Entdeckung, mit der er so wohl nicht gerechnet
hatte. Widerstand ist schließlich eine Aktivität. Doch
weil diese Aktivität vielfältig war, wies sie ihm schließlich auch die Spur zum Leiden.

In gewisser Weise hatte Ernst Schmidt die Grenzen seines ursprünglichen Auftrags schon überschritten, als er nicht nur die Helden der Arbeiterklasse würdigte, sondern auch all die mutigen Menschen, die sich aus anderen Gründen den Nazis widersetzt hatten. Aus religiösen Motiven. Aus Freiheitsliebe. Aus bürgerlichem Anstand. Die Essener Juden aber hatten, sofern sie nicht auch politisch engagiert waren, in der Regel gar keinen Widerstand geleistet. Die Essener Juden wurden entwürdigt, enteignet, gedemütigt, vertrieben, verfolgt, deportiert und ermordet, nicht, weil sie sich den Nazis in den Weg stellten, sondern weil sie Juden waren. In einem Buch, in dem es vor allem um den Widerstand ging, konnte diese Dimension des Nationalsozialismus nur durch die Hintertür eintreten. Denn Antifaschismus, das hatte ja auch bedeuten können, dass man sein eigenes Leben riskierte, um das anderer zu beschützen. Und so kommt etwa die Geschichte der Jüdin Gerta Becker nicht vor, weil sie elementar zur Geschichte Essens im Dritten Reich gehört, sondern weil zwei mutige Christen taten, was damals nur ganz wenige Menschen taten: »Frau Becker überlebte den Faschismus. Es waren der Oblatenpater Franz Trimborn und der Borbecker Arzt Dr. Karl Feldhoff, die diese Frau den Klauen der Gestapo entrissen.«[11]

Damit keine Missverständnisse aufkommen: Die indirekte, etwas ungelenke Art, in der Ernst Schmidt über das Schicksal der Essener Juden schrieb, verdient keine Kritik. Im Gegenteil. Er war ein Pionier – wenn auch anders, als man es sich in der DKP gewünscht hätte. Die wenigen Stellen, an denen sein Buch das, was man lange so abstrakt wie beschönigend als »Judenverfolgung« bezeichnete, als konkretes Geschehen vor der eigenen Haustür sichtbar machte, markierte den Anfang eines Erkenntnisprozesses, der sich erst allmählich Bahn brechen sollte. Und wenn man heute im Rückblick sagen kann, dass entscheidende Impulse zur Erforschung des Massenmordes, den man kurz später als »Holocaust« und dann als »Shoah« bezeichnen sollte, aus Essen kamen, dann ist das auch ein Verdienst dieses unermüdlichen Antifaschisten im zweiten Bildungsweg.

Nicht, dass die Irritation, die das Foto der brennenden Synagoge auslöste, sofort ihre ganze Wirkung entfaltet hätte. Aber wer sie zuließ, der begann zu ahnen, dass die Finsternis der Jahre 1933 bis 1945 noch viel, viel tiefer reichte als nur bis zur verborgenen Geschichte des Antifaschismus. Als die Synagoge 1979 nach einem Kabelbrand erneut in Flammen stand und das Wort vom Abriss die Runde machte, war das jedenfalls nur noch der Funke, der gefehlt hatte, um den Teppich des Geschichtsbewusstseins, der sich jüngst in Essen ausgebreitet hatte, mit einem Schlag hell zu entzünden. Die TV-Serie *Holocaust*, die Anfang des Jahres ganz Deutschland bannte, tat ein Übriges. Wieder standen Essener Bürger vor dem brennenden Gotteshaus. Doch nun blieben sie nicht untätig. Und wie sich schnell zeigen sollte, rannte ihre Forderung, das Gebäude zu retten und in eine Gedenkstätte umzuwidmen, mehr oder weniger offene Türen ein. 1980 wurde das renovierte Haus von einem stolzen Oberbürgermeister seinem neuen Zweck übergeben. Und die Essener »Geschichtsszene«, ein kleiner, aber schnell wachsender Kreis, der nicht nur

das Vermächtnis des Antifaschismus als Auftrag begriff, sondern auch die nicht vergangene Vergangenheit
des Faschismus als Problem, hatte endlich ihren Ort gefunden. Man traf sich jeden Freitagabend in der Alten
Synagoge.

//

Gefragt, was es denn mit der unter Historikern so be-
rühmten, doch unter Nicht-Historikern nahezu un-
bekannten »Essener Schule« auf sich habe, antwortete
Lutz Niethammer, ihm behage der Name eigentlich
nicht.[12] Er sagte es nicht, aber es war zu ahnen, worauf er hinauswollte. »Schule« – das klang doch sehr
nach Bielefeld. Und wie die Sache dort ausgegan-
gen war, das wusste man ja. Angetreten mit dem An-
spruch, ein »konservatives« oder noch schlimmer:
»neokonservatives« Erzählgedöns in eine dem Fortschritt dienliche »historische Sozialwissenschaft« um-
zukrempeln, war diese Schule schon wenige Jahre nach
dem Tod ihres Begründers Hans-Ulrich Wehler ein Fall
für die Wissenschaftsgeschichte. Wenn Lutz Niethammer kein Schulgründer sein will, so mag daraus also je
nach Sichtweise Bescheidenheit oder Klugheit sprechen. Doch der Schulgedanke ist nicht völlig aus der
Luft gegriffen. Niethammer war nämlich nicht nur ein
herausragender Wissenschaftler, sondern auch – vielleicht sogar mehr als alles andere – ein äußerst inspirie-
render Lehrer.

Und gehören Lehrer nicht in die Schule? Natürlich,
aber in der Regel entfalten sie sich dort nur. Die Schule

ist der Ort ihrer Tätigkeit. Doch wenn alles glückt, dann ist diese Tätigkeit kein Lehren, sondern ein Gespräch, bei dem der eine zwar älter und vielleicht auch weiser, aber nicht unbedingt wissender ist als die anderen. Mehr als die richtigen Antworten interessieren ihn daher die klugen Fragen. Und so war das Ideal eines solchen Ortes für Professor Niethammer weder, auch wenn sie einer verwandten Idee folgen mochte, die Humboldt'sche Universität noch das preußische Gymnasium, sondern die Synagoge. Oder wie es, weil in der Diaspora das Gotteshaus auch ein Ort der Schriftgelehrsamkeit war, auf Jiddisch heißt: die Schul. Und weil der Ort, an dem die Essener Geschichtsszene in streitbar dialogischem Geist eine kleine, aber bis heute wirkmächtige Wissenschaftskultur hervorbrachte, die Alte Synagoge war, sagte Niethammer: Mir wäre es lieber, wenn man von »Essener Schul« spräche. Ein e, ein einziger Buchstabe: nicht mehr, aber auch nicht weniger markierte den Unterschied zwischen Essen und Bielefeld – es ist genau diese Verliebtheit ins Detail, ja, die Besessenheit vom Unscheinbaren, die am Anfang jeder guten Geschichtswissenschaft steht.

Wie fast alles, was im Ruhrgebiet je gelungen ist, verdankte sich auch die Entfaltung der Essener Geschichtskultur einer Symbiose von außen und innen, dem Kontakt zwischen den einen, die schon da waren, und den anderen, die dazukamen. Sollte man drei Namen nennen, die den Geist der Alten Synagoge am Anfang trugen, dann wären es wohl zwei Lokalgewächse und ein Schwabe: Ernst Schmidt, Detlev Peukert und Lutz Niethammer. Von Schmidt war schon die Rede. Hinzuzufügen wäre höchstens noch, dass er sein Archiv des Antifaschismus, bevor es später im Haus der Essener Geschichte seinen Ort fand, in der Synagoge unterbrachte. Und dass die Dauerausstellung, die dort 1981 eröffnet wurde, genauso hieß wie der Untertitel seines Buchs: *Widerstand und Verfolgung in Essen 1933–1945*.

Detlev Peukert, Sohn eines Steigers, wuchs in der Bergarbeiterkolonie Herringen auf. Nach dem Studium in Bochum, wo er bei Hans Mommsen mit einer Arbeit über die KPD im Widerstand promoviert wurde, kam er als Assistent zu Lutz Niethammer an die Universität-Gesamthochschule Essen.[13] DKP-Mitglied und befreundet mit Ernst Schmidt, trat er noch im Jahr seiner Ankunft aus der Partei aus. Und wann geschah das alles? 1978, natürlich. Genialisch veranlagt, unfassbar produktiv und offen schwul, ist Peukert 1991 gerade mal vierzigjährig an Aids gestorben. Sollte ein historisch sensibler Schriftsteller oder eine literarisch begabte Historikerin nach einem Stoff suchen, der – wie etwa George Packer es gerade am Fall des Diplomaten Richard Holbrooke vorgeführt hat[14] – nicht nur die Biographie eines außergewöhnlichen Menschen hergäbe, sondern auch das Porträt einer einzigartigen Region, des Ruhrgebiets, und der letzten Jahrzehnte eines sehr merkwürdigen Landes, der alten Bundesrepublik: Hier wäre er. Weil jeder weitere Satz über Peukert nach hundert Folgesätzen verlangen würde, sei von ihm an dieser Stelle nur noch so viel gesagt: Ohne seine Impulse, seine unermüdlichen Beiträge, seine produktive Kritik wäre die wissenschaftliche Dynamik, die sich um 1980 in der Alten Synagoge zu entfalten begann, un-

denkbar gewesen. Streitlustig und – wie viele Hochbe-
gabte – oft ungeduldig mit seiner Umgebung, wuchs er
zwar bald über diesen Kreis hinaus. Aber dass er in den
wenigen Jahren, die ihm noch verblieben, zu einem der
wirkmächtigsten Historiker seiner Generation wurde
und dass er heute zu den Großen seines Fachs gezählt
werden muss – das verdankte er auch der Arbeiterwelt,
aus der er kam, und dem Gotteshaus, in dem sich sein
Denken geformt hatte.

//

Fehlt noch Lutz Niethammer. Dass er erst auf dem
zweiten Bildungsweg zum Historiker wurde, wäre zu
viel gesagt. Denn viel bildungsbürgerlicher als dieser
Stipendiat der Studienstiftung des deutschen Volkes
konnte man kaum aufwachsen. Doch eigentlich hatte
er Theologe werden wollen. Als ihm aber dämmerte,
typisches Protestantenschicksal, dass dazu irgendwie
auch ein konfessionell verbindlicher Glaube gehört,
wechselte er zur Geschichte. In einem aber blieb er seiner ersten Liebe treu. Er war und blieb ein hermeneu-
tischer Geist, der wusste, dass es in der menschlichen
Welt nichts ohne Deutung gibt. Und schon gar nicht in
der Vergangenheit, die für den Menschen ja nur durch
ihre Hinterlassenschaften vorhanden ist. *Saxa loquun-
tur* – die Steine sprechen: Das Motto der Archäolo-
gen und Althistoriker macht eine Tugend aus der Not.
Wenn sie nicht sprächen, könnten viele von ihnen, die
Ägyptologen zum Beispiel, schließlich einpacken. Aber
auch die Archivhistoriker waren und sind mit der Er-

fahrung konfrontiert, dass die Dokumente ungefragt nur ein Wort sagen, nämlich Nein. Wenn man bisher dachte, eine Grundsteinlegung habe sich 1141 ereignet, aber ein vor fast tausend Jahren mit Sand getrockneter Tintenstrich sagt »1143«, dann hat hier eine Quelle von ihrem – wie Reinhart Koselleck es nannte – »Vetorecht« Gebrauch gemacht.[15]

Aber Niethammer, das war das Besondere, zog es gar nicht ins Archiv. Zumindest war es nicht der erste Ort, den er aufsuchte, um der Vergangenheit ihren Sinn abzuringen. Lutz Niethammer war, wie alle Hermeneutiker, ein Sinnsucher. Aber er war auch ein Hermeneutiker der Sinne. Und damit war er wie gemacht für das Ruhrgebiet. Denn das erste Organ, mit dem er seinem neuen Lebensmittelpunkt deutend auf den Leib rückte, das waren seine Augen. Wo andere nichts sahen oder nur graue, hässlich funktionale Gegenwart, da erkannte Niethammers historischer Röntgenblick schräge Geschichten des Entstehens und traurige Schicksale des Scheiterns. Warum nur war diese Region so unvollendet? Warum erinnerte nichts an Schwaben? Warum hatte man die Städte im Ruhrgebiet nach den Verheerungen des Krieges nicht, wie seine Heimatstadt Stuttgart, einfach wieder aufgebaut, in neuer Gestalt, aber nach wie vor als Einheit erkennbar? Weil sie, so erkannte Niethammer, nachdem er ihren merkwürdigen Straßenverläufen gefolgt war und sich in die Ordnung oder genauer gesagt: die Unordnung ihrer Gebäude vertieft hatte, von Mächten geformt wurden, denen sie völlig egal waren. Die Stadtplaner und Staatsgärtner waren hier nicht, wie in Stuttgart, in München oder im brandenburgischen Teil Preußens, kleine Götter gewesen. Statt mit einem fürstlichen Mandat und unbegrenzten Mitteln ausgestattet, hatten sie sich mit einer chaotischen Dynamik konfrontiert gesehen, die sie so vergeblich zu lenken versuchten wie Mücken, die sich auf dem Rücken von Bären für Reiter halten. Und so trägt Niethammers erstes Buch aus dem Ruhrgebiet einen Titel, der ebenso schon alles verrät, wie er zur Lektüre lockt: *Umständliche Erläuterung der seelischen Störung eines Communalbaumeisters in Preußens größtem Industriedorf oder die Unfähigkeit zur Stadtentwicklung.*[16]

»Mit den Augen Lutz Niethammers gesehen«, sagt Ulrich Herbert im Rückblick auf die ersten Begegnungen mit seinem Doktorvater,

> verwandelte sich die aus Normalität und Langeweile bestehende Städteagglomeration in einen historischen Ort, den man bei entsprechenden Kenntnissen lesen und entziffern konnte und dessen historische Bedeutung so Stück für Stück freigelegt wurde: So verwandelte sich die Gegend, in der man wohnte, nun zunehmend in »das Ruhrgebiet«, eine offenbar zusammengehörige Region, das Zentrum des montanindustriellen Zeitalters mit einer großen, neu zu entdeckenden, genauer: noch zu schaffenden Geschichte.[17]

Die Unterscheidung von Entdecken und Schaffen leuchtet nicht sofort ein, denn die Historiker müssen ja immer beides verbinden. Erst entdeckt man Sachverhalte, und dann schafft man eine Geschichte daraus.

Aber hier ist offenbar etwas anderes gemeint, und das trifft in der Tat einen Punkt. Den Gegenstand, dessen Vergangenheit plötzlich interessant wurde, gab es im Bewusstsein der Einheimischen in der Regel gar nicht, genauer gesagt: *noch nicht.* Kein Mensch, sagt der Mülheimer Herbert, hätte sich um 1970 – Böll hin, Chargesheimer her – als Bewohner des »Ruhrgebiets« bezeichnet.[18] Man kam aus Hochlamarck, Meiderich oder Borbeck, bestenfalls aus Recklinghausen, Duisburg oder Essen. Zugleich aber war dieser Gegenstand in den späten 1970er-Jahren, auch darauf weist Herbert hin, so offensichtlich und rapide im Schwinden begriffen, dass es ihn als realen Zusammenhang von Dingen und Praktiken in absehbarer Zeit *nicht mehr* geben würde. Wenn aber mit dem Rauch nicht auch die Welt verschwinden sollte, die ihn hervorgebracht hatte, und mit ihm ein ganzer Sozialraum samt seinen Lebensformen, dann musste man – als sei sie zerfallendes Pergament – ihren materiellen Bestand retten, ihn lesen lernen, ihren Sinn entziffern und dann für die Nachwelt bewahren.

Und so verwundert es nicht, dass Niethammer nicht nur las und entzifferte, sondern das, was erst sein Blick bedeutsam gemacht hatte, vor den Mächten retten wollte, die es für nichts als nützlich, also *nach* ihrem Nutzen für bedeutungslos hielten. Manchmal klappte es, wie in Essen bei der Zeche Zollverein oder der Alten Synagoge und an so vielen anderen Orten in der Region, an denen schon seit Ende der 1960er-Jahre – natürlich nicht nur auf seine Initiative hin – sogenannte Industriedenkmäler entstanden waren. Manchmal aber klappte es auch nicht, wie beim »Hungerturm«, der alten Verwaltungszentrale des Krupp-Konzerns, die trotz ihres architekturhistorischen Werts und gegen alle Proteste der von Niethammer mobilisierten Bürgerinitiative abgerissen wurde – und einem Parkplatz wich. Dessen Anblick, gestand der sensible Sinneshermeneutiker, habe ihn sehr geschmerzt:

> Immer wenn ich später an dieser Leere vorbeifuhr, hatte ich das Gefühl, dass eher dieser Parkplatz als der Hungerturm das wahre Schandmal des Kapitalismus war und ich war wohl nicht der einzige, der das so empfand. In Berlin entstanden damals alternative Stadtführungen, um den Blick dafür zu schärfen, was man nicht mehr sehen kann.[19]

LUSIR ODER DAS GRINSEN DER ERINNERUNG

»Grabe, wo du stehst« – so lautete das Motto einer laien-
historischen Bewegung in Schweden.[1] Ihrem Geist
einer »Geschichte von unten«, den man bald als »all-
tagshistorisch« bezeichnen sollte, stand auch Lutz Niethammer nahe.[2] Nur, dass die Dinge im Ruhrgebiet anders lagen als in Schweden. Und auch woanders. Hier
gab es keine Wikinger, und wenn es hier auch Bauern
gegeben hatte, dann waren ihre Hinterlassenschaften
sicher nicht irgendwo zwischen einer Tiefgarage und
dem herrlichen Wrack eines schildbewehrten Ein-
masters zu finden. Überhaupt war hier die Archäolo-
gie nicht das Vorbild, weder tatsächlich noch metaphorisch. Gegraben hatte man im Ruhrgebiet ja weiß Gott
genug! Nichts war in dieser Region offener als die Erde
und nichts offensichtlicher als ihre Hohlräume. Nein,
hier ging es eher umgekehrt darum, die verborgene Geschichte des Offensichtlichen zu erkunden. Die Analogie wäre also eher die Geologie, und zwar nicht die der
Gesteinsschichten – für die hatten sich aus ganz un-
sentimentalen Gründen schon die Bergwerksinspekto-
ren interessiert. Sondern die der Erdoberfläche. Denn
die fraglichen Spuren waren ja für jedermann sichtbar.
Man muss sie nur wahrnehmen und deuten können.

Der merkwürdige Verlauf einer Straße, die Zentrums-
losigkeit der Städte, die Sperrzonen der Montangiganten, die geschlossenen Welten der Siedlungen – all das
glich viel eher der Gestalt des Wattenmeeres oder der
Formation einer Moränenlandschaft als den fossilen
Rückständen von Wäldern, die mit den Dinosauriern
untergegangen waren.

Es gab das Ruhrgebiet! Aber nicht als politische oder
regionale Einheit, der man sich zugehörig fühlte, sondern als verborgene Realität, die unter der unscheinbaren, ja, hässlichen Oberfläche zu entdecken einen ge-
schulten Blick erforderte – und Mühe. Erst durch diese
Erschließungsarbeit, die zugleich ein Rettungswerk
war, verwandelte sich das Netz eines rohen Funktions-
und Verwertungszusammenhangs in eine »Region«,
der man sich auch zugehörig fühlen konnte – ganz anders als zuvor den Zechen und Kolonien, den Stadttei-
len und Vereinen zwar, aber deutlich bewusster. Und
so sollte es geschehen. Denn als 1983 der Klartext-Verlag gegründet wurde, hatte der Historiker Niethammer
dem Ruhrgebiet schon ein paar Jahre lang vorgeführt,
worum es ging: dass nämlich sein Weg in die Zukunft
und zu einem regionalen Zugehörigkeitsgefühl über die
Geschichte führt.

Der Groschen war gefallen, Ludger Claßen konnte
seinen Bienenschwarm sammeln.

//

Niethammer hatte jedoch nicht nur Maßstäbe für die
historisierende Entdeckung einer ganzen Region ge-

setzt – dank eines glücklichen Zufalls wurde er auch zum Katalysator der Essener Geschichtsszene. Bevor er ins Ruhrgebiet kam, hatte sein Interesse nämlich welchem Gegenstand gegolten? Den antifaschistischen Ausschüssen, die sich unmittelbar nach Kriegsende überall in Deutschland gebildet und als Keimzellen für den demokratischen Neuanfang angeboten hatten.[3] Dass dieses Angebot hier ausgeschlagen und dort instrumentalisiert wurde, dass die SED den Antifaschismus zur verlogenen Staatsdoktrin machte, während in der Bundesrepublik, als sei nichts geschehen, Alt-Nazis schon bald wieder in leitenden Funktionen saßen: das nährte in Niethammer ein stabiles Misstrauen gegen die Verlässlichkeit der deutschen Demokratie. In dieser Hinsicht war er ein typischer Vertreter seiner Generation. In einer anderen dagegen nicht. Als viele seiner Altersgenossen in besoffener Selbstgerechtigkeit »USA – SA – SS« skandierten, da besuchte Niethammer Versammlungen und Stammtische im Umkreis der neu gegründeten NPD.[4] Und dort stellte er Fragen. Er wollte wissen, mit wem er es zu tun hatte. Und so begriff er viel früher als andere, dass dieser Nationalismus sich einerseits unverhohlen in eine unselige Tradition stellte, aber andererseits erfolgreich auf eine veränderte Gegenwart eingestellt hatte. Man gab sich bürgerlich und verlagerte, spiegelbildlich zum linken Gegner, den Kampf zunehmend auf das Gebiet der Kultur. Niethammer hatte, wie man heute sagen würde, mit Rechten geredet. Und darum wusste er ziemlich genau, wie sie tickten.

Trotzdem hätte er sich wohl nicht als Antifaschist

bezeichnet, und erst recht war er kein Kommunist. Aber dass er den Leuten von der DKP, denen er da jeden Freitagabend in der Synagoge begegnete, mit großem Wohlwollen begegnete, steht außer Frage. Ihn beeindruckte vor allem die empirische Sorgfalt und der Ernst, mit dem sie nicht einfach politische Meinungen vor sich hertrugen, sondern ihr Engagement mit den Mühen historischer Forschung verbanden. Alles, was er dem als gestandener Fachmann hinzufügen konnte, waren ein paar Gramm theoretische Reflexion und ein Schuss methodische Ingeniosität.

Wie wäre es, so die zündende Idee, die er zusammen mit Detlev Peukert und Franz Brüggemeier entwickelte, wenn wir das, was in der angelsächsischen Welt schon lange gemacht wird, auf unsere Verhältnisse übertragen? Wenn wir nicht mehr in den Archiven der Parteien und Gerichte nach den Helden des Widerstandes suchen, sondern – zweites Organ der Sinneshermeneutik – unsere Ohren aufsperren und ganz gewöhnlichen Arbeitern ihre Erinnerungen an den Faschismus ablauschen? Und wenn wir diese Zeit nicht einfach als Vergangenheit betrachten, sondern als Vorgeschichte Nachkriegsdeutschlands? Wenn wir uns fragen, was das eigentlich für ein Volk war, mit dem unsere Demokratie eingerichtet wurde? Wenn wir mit dieser Demokratie ernst machen, indem wir unsere Büros und die Archive verlassen und Geschichte zusammen mit den Menschen schreiben, von denen sie handelt? Und so entstand, im Pendelschwung zwischen Niethammers Institut und der Alten Synagoge, ein Forschungsprojekt, dessen Akronym den Beteiligten noch heute ein

Lächeln ins Gesicht zaubert, auch wenn sie alle wissen, dass sein Erfolg, typisch Ruhrgebiet, von seinem Scheitern kaum zu unterscheiden war: LUSIR – *Lebensgeschichte und Sozialkultur im Ruhrgebiet 1930 bis 1960*.[5]

Bald waren in den Tageszeitungen der Region Anzeigen geschaltet, und die Resonanz war überwältigend. Die Leute wollten tatsächlich von früher erzählen, zahlreich und stundenlang, auch wenn sie mit Widerstand gar nichts am Hut gehabt hatten. Das war die erste Überraschung. Der Kontakt mit der Basis offenbarte, dass sich das politische Engagement, gleich, ob mit proletarischem oder akademischem Hintergrund, in der eigenen Mythologie viel zu bequem eingerichtet hatte. Hier eine Handvoll anständiger Bürger und die stolze Arbeiterschaft, die sich der Tyrannei entweder aktiv in den Weg gestellt oder ihr mit geballter Faust trotzig ins Gesicht geschwiegen hatte – dort die unselige Koalition aus Ruhrbaronen, Großgrundbesitzern und Faschisten? Das konnte man schnell knicken. Vielmehr offenbarten die Interviews, in welchem Ausmaß sich die Ruhrarbeiterschaft mit der Diktatur arrangiert hatte.

Die Nazis, das waren für viele Gesprächspartner nämlich nicht nur die politischen Gegner gewesen, die vor 1933 tatsächlich kaum einer von ihnen gewählt hatte – es waren auch die Schöpfer neuer Verhältnisse. Und die waren, im Gegensatz zum Schwulst der faschistischen Ideologie, ziemlich interessant. Nach Hitlers Machtantritt war in Deutschland eine Gesellschaft entstanden, in der deutsche Arbeiter Erfahrungen machen konnten, die ihnen bisher unmöglich gewesen waren.[6] Eine andauernde Hochkonjunktur dank Aufrüstung und Kriegswirtschaft zum Beispiel, also sichere Arbeitsplätze. Auslandsaufenthalte zum Beispiel, wenn auch meist nicht auf einer KdF-Kreuzfahrt, sondern im Krieg. Denn der war ja auch ein Abenteuer gewesen, das – landschaftlich, kulinarisch, sexuell – einen Erfahrungshorizont erweiterte, der bisher oft kurz hinter dem Werkstor geendet hatte, ganz zu schweigen von all den schönen Mitbringseln (Man lese die Feldpost von Heinrich Böll!). Macht, zum Beispiel, denn als ab 1942 die Nachfrage nach Arbeitskräften nicht mehr aus den eigenen Reihen bedient werden konnte, da standen an den Maschinen immer mehr »Fremdarbeiter«, ein Euphemismus, der kaschierte, dass es sich um größtenteils gewaltsam rekrutierte Sklaven aus Osteuropa handelte. Und denen wurden in den Schächten und an den Werkbänken nun die Befehle von Leuten erteilt, die bisher gewohnt waren zu gehorchen. Dass dazu Mitglieder der Arbeiterklasse zu deutschen »Volksgenossen« umgedeutet werden mussten und dass sich damit das Gefüge der Gesellschaft fundamental und für einige Gruppen mit tödlicher Konsequenz veränderte, das begriffen diejenigen, die davon profitierten, oft gar nicht.

Aber ein Architekt der LUSIR-Gruppe, Detlev Peukert, begriff es sofort. Und es brachte sein antifaschistisches Weltbild so nachhaltig ins Wanken, dass er das Projekt noch vor dessen Beendigung verließ, um die gewonnenen Einsichten – zusammen mit denen seiner Habilitation – zu einer Studie zu synthetisieren, die sich als bahnbrechend für die weitere Erforschung des Nationalsozialismus erweisen sollte: *Volksgenossen und Gemeinschaftsfremde* – in diesem Titel spiegelte sich der

Triumph der historischen Empirie über eine Ideologie, die ihre Leitbegriffe noch aus der Theorie des Klassenkampfes abgeleitet hatte.[7] Die Unterscheidung, die den Laden bis in den millionenfachen Mord und die totale Zerstörung am Laufen gehalten hatte, das war nicht: Kapital gegen Arbeit, Rechts gegen Links, Faschisten gegen Antifaschisten, sondern: Mobilisierung der einen, Ausschluss der anderen. Oder, wie es der französische Historiker und Philosoph Michel Foucault – zu dessen ersten deutschen Lesern Peukert gehörte – fast zeitgleich fasste: Leben machen und sterben lassen. Was Foucault mit theoretischer Geste »Biomacht« nannte, das begriff er als eine Variante rassistischer Praxis. Und so nannte denn auch Peukert die Einheit von Mobilisierung und Ausschluss: Rassismus.[8]

Die zweite Überraschung betraf die Forscher selbst. Um das umzusetzen, was sie sich vorgenommen hatten, mussten sie nämlich nahezu alle Regeln eines Fachs brechen, das sich je nach Spielart entweder mit handwerklichem Selbstbewusstsein als »Zunft« oder mit progressivem Stolz als »theoriegeleitet« verstand. Die Methode, an der sich Niethammer und die LUSIR-Gruppe orientierte, wurde in der angelsächsischen Welt Oral History genannt. An ihr führte kein Weg vorbei, wenn man die Geschichte von Arbeitern nicht allein aus den Quellen derjenigen erschließen wollte, die sie entlohnt, diszipliniert und beherrscht hatten. Denn die Archive offenbarten meist nur die Ausnahmesituationen, in denen die »niederen Schichten«, »der Pöbel« oder »die Sozialisten« mit »Ordnung und Gesetz« in Konflikt geraten waren. Doch hier sollte es nun, gerade andersherum, um die Normalität, um den »Alltag« und die »Lebenswelt« oder mit dem theoretischen Leitbegriff des Projekts: die *Erfahrungen* der Arbeiterschaft gehen. Und da man in dieser sozialen Schicht nur selten Briefe oder Tagebücher geschrieben hatte, von Romanen ganz zu schweigen, gab es nur eine Quelle, um sie anzuzapfen: die Erinnerung. Und nur ein Medium, in dem das geschehen konnte: das Gespräch. Nur gab es dafür keine verbindliche Technik. In den USA setzte man bevorzugt auf Fragebögen. Aber das war für das anspruchsvolle Programm der LUSIR-Gruppe zu wenig. Die Vergangenheit, um die es hier ging, lag ja nicht nur vier bis fünf Jahrzehnte zurück, sie hatte auch einen so schlechten Ruf, dass mit unbefangener Auskunft kaum zu rechnen war. Also dachte man sich eine improvisierte Methode des kontrollierten Kontrollverlusts aus, eine Art »oral goes freestyle«. Der Fragebogen sollte nur einen Rahmen liefern, in dem die Zeitgenossen sich in einer Atmosphäre des Vertrauens und der Ebenbürtigkeit zunehmend frei zu sprechen trauten.[9]

Doch nicht nur zur Vorbereitung des Projekts, auch bei der Darstellung seiner Ergebnisse spielte die Auseinandersetzung mit der eigenen Methode eine zentrale Rolle. Wenn sie teilweise fast exzessive Ausmaße annahm, dann standen im Zentrum weniger die wissenschaftlichen Instrumente selbst als Reflexionen darüber, was es mit vergangenen Erfahrungen auf sich haben konnte, wenn es doch die einzige Form, in der sie sich zeigten, ohne die Wissenschaftler gar nicht gegeben hätte. Man kann beim Lesen der Methodentraktate den Professorenkopf förmlich rauchen sehen.[10] Niethammer tanzte den Heisenberg – viel näher ist die Geschichtswissenschaft einer Art Unschärferelation wohl nie gekommen.

Und: Mit welcher Art von Text hat man es überhaupt zu tun, wenn man eine in roher Wörtlichkeit belassene Interviewtranskription deuten soll? Schließlich: Was ist eigentlich Erinnerung? Diese Frage stellte sich vom historiographischen Standpunkt ja ganz anders als aus literarischer oder psychoanalytischer Sicht. Und doch waren diese Zugänge der LUSIR-Gruppe keineswegs fremd. Im Gegenteil, sie halfen, unvertrautes Gelände zu erschließen. Von Freud zum Beispiel wussten sie, dass die Erinnerung einer assoziativen Logik folgt. Darum war es wichtig, die Befragten nicht von Antwort zu Antwort zu hetzen, sondern sie den dunklen Gesetzen ihres Unterbewusstseins zu überlassen. Und von der Literatur konnten sie lernen, dass diese Geschichten sich ihre eigene Form suchen und daher, apropos Assoziation, eher einem Traum gleichen als einem Bericht.

Historiker, die bereit sind, ihren Quellen ein solches Maß an Eigenleben zu gewähren, geben freiwillig das eine Privileg aus den Händen, das ihr Fach erst konstituiert: die Macht, Anfang und Ende zu bestimmen, die Herrschaft über die Zeit. Denn worin bestand eines der überraschendsten Ergebnisse dieser seriellen Befragung von Zeitgenossen? In der Erkenntnis, dass das Volk sich nicht um die Zäsuren scherte, die den Ideologen, den Politikern, den Journalisten und den Historikern so unhintergehbar erschienen. Die Jahre 1933 und 1945, die Momente der katastrophalen Niederlage und des triumphalen Sieges des Antifaschismus, das Ende und der Neuanfang der Demokratie, spielten in der »Faschismuserfahrung« dieser Leute praktisch keine Rolle.[11] Ihre Periodisierung folgte einer anderen Logik. Es gab die »guten« und die »schlechten« Zeiten. Und gut, das war vor allem eine stabile Rüstungskonjunktur, während schlecht vor allem ein Krieg war, der einem selbst Opfer abverlangte. Aus Sicht ihrer Interviewpartner gab es keine scharf abgegrenzte Epoche namens »Nationalsozialismus«, »Drittes Reich« oder »Faschismus«, sondern – eingerahmt von Unsicherheit und Entbehrung – eine Zeit von etwa 1935 bis 1943, an die man sich alles in allem gerne erinnerte. Das große Ganze, das war eine diffuse Zeiterfahrung, die im Titelzitat des ersten LUSIR-Bandes mit präziser Unschärfe zum Ausdruck kommt: *Die Jahre weiß man nicht, wo man die heute hinsetzen soll.*[12]

Und so ging diesen Wissenschaftlern nach dem ideologischen Mythos des »Antifaschismus« auch der Gegenstand flöten, den zu erforschen sie angetreten waren: die historische Epoche des »Faschismus«. Weil das aber nur die beiden größten, doch bei Weitem nicht einzigen Überraschungen waren, kann es kaum verwundern, dass die Ergebnisse von LUSIR nie die Form fanden, die sie eigentlich verdient hätten. Am Ende sind dabei drei Sammelbände herausgekommen, die sich zwar immer noch mit deutlich größerem Gewinn lesen lassen als alles, was heute sogenannte Sonderforschungsbereiche im Wochentakt hervorbringen. Doch angesichts eines Forschungsprojekts, dessen Einfallsreichtum, Reflexionsniveau und empirische Fülle ihresgleichen suchen, kann dieses Ergebnis nicht befriedigen. Was blieb, waren einige fundamentale Einsichten in die Struktur und die Erfolgsgründe des Nationalsozialismus. Sie waren der Ausgangspunkt für einige Monographien, die heute zum Kanon der Zeitgeschichte gehören. Von Detlev Peukerts Studie war schon die Rede. Aber auch Ulrich Herberts Dissertation über »Fremdarbeiter« in der NS-Kriegswirtschaft gehört zur Nachgeschichte des LUSIR-Projekts.[13]

Und so war denn LUSIR genau genommen auch kein Beitrag zu einer Geschichte des Ruhrgebiets. Einerseits. Denn andererseits verhält sich der Stoff, der da zutage gefördert wurde, ja geradezu kongenial zu der Region, die ihn geborgen hatte. Die immer noch verfügbaren Tonbänder, die endlosen Transkriptionen, die Sammelbände, die methodischen Reflexionen, all diese Diamanten in einem Meer von Rost, vor allem aber eine Agglomeration von Zeiterfahrungen und ein Geschichtsdenken, das die aktuelle Erinnerung als Vorgeschichte der Nachkriegszeit und zugleich die Gegenwart als Nachleben der Vergangenheit begreift, um so die moderne Zeitordnung zum Tanzen zu bringen: Weiter kann man sich von den beiden Extremen des Geschichtsbewusstseins, dem distanzierenden Historismus und der heimeligen Nostalgie, nicht entfernen – und zugleich kann man den Herzschlag des Reviers kaum irgendwo deutlicher hören als aus dieser doppelten Ferne!

//

Es gibt einen Historiker der Essener Szene, der genau wie Detlev Peukert eigentlich einen eigenen Text verdient hätte. Auch er starb, 16 Jahre nach Peukert, viel zu jung. Doch weil Michael Zimmermann, im Gegensatz zu Peukert, so gut wie vergessen ist, und zwar zu Unrecht, soll ihm der Schluss dieses Kapitels gehören.[14] Mizi, wie seine Freunde ihn nannten, war wie vielleicht kein anderer im Umkreis der Alten Synagoge ein Kind des Ruhrgebiets. Lutz Niethammer kam aus Schwaben. Peukert war in einer Arbeitersiedlung aufgewachsen, aber irgendwann floh er nach Hamburg, in eine – so viel sei Böll zugestanden – richtige Stadt. Ernst Schmidt war in Essen geboren, und dort starb er auch, aber die entscheidende Wende hatte sein Leben in der sowjetischen Kriegsgefangenschaft genommen. Ulrich Herbert ging nach seiner Promotion mit Niethammer an die neu gegründete Fernuni Hagen, doch dann tat er, was erfolgreiche Wissenschaftler eben tun: Er folgte dem Ruf in eine deutsche Universitätsstadt, so wie auch Franz Brüggemeier, Dirk van Laak und einige andere exzellente Historiker, die diese lokale Geschichtskultur hervorgebracht hat. Michael Zimmermann dagegen stammte aus Mülheim, er starb in Essen, und dazwischen forschte und lehrte er – abgesehen von einer kurzen Episode in Jena – nicht nur im, er forschte auch ausgiebig über das Ruhrgebiet. Sogar einen kommentierten Fotobildband hat er, zusammen mit Yvonne Rieker, seiner Heimatregion gewidmet.[15]

Dem LUSIR-Projekt konnte Zimmermann entscheidende Dienste leisten, weil er keine Annoncen brauchte, um den Kontakt zu lokalen Zeitgenossen herzustellen. Er wusste, wie man mit Menschen redete, die im Nationalsozialismus gelebt hatten, weil er es längst tat. In Zimmermanns Dissertation, die – noch eine Parallele zu Peukert – von Hans Mommsen in Bochum betreut wurde, ging es an einem ausgewählten Beispiel um den Wandel, den die Arbeiterkultur im Laufe des 20. Jahrhunderts genommen hatte.[16] Und dazu griff er nicht nur auf das Archiv zurück. Er befragte auch ausgiebig die Menschen, deren Lebenswelt er erforschte. Und so war eine seiner wichtigsten Quellen eine lokalhistorische Initiative, wie sie Anfang der 1980er-Jahre im Geist der sogenannten Geschichtswerkstätten überall in Deutschland wie Pilze aus dem Boden schossen. Nur, dass diese Arbeit an der eigenen Geschichte im Ruhrgebiet eine ganz eigene, fast existenzielle Note hatte. Denn die Welt, deren Vergangenheit diese Laien in ihrer Freizeit erforschten, lag im Sterben.

In Zimmermanns Doktorarbeit zeigte sich mustergültig, wie eine Geschichtsschreibung über das Ruhrgebiet funktionieren kann. Nicht aus der Vogelperspektive, als Geschichte einer ganzen Region, sondern als Lokalstudie. Und dabei konnte die Empirie, der gewählte Ausschnitt der Wirklichkeit, gar nicht konkret genug sein. So war Zimmermanns Untersuchungsobjekt nicht die Stadt Recklinghausen und auch nicht einfach nur ein Stadtteil, das später eingemeindete Dorf Hochlamarck, sondern eine der unzähligen Funktionseinheiten, aus denen sich um 1900 das Industrierevier gebildet hatte. *Schachtanlage und Zechenkolonie. Leben, Arbeit und Politik in einer Arbeitersiedlung 1880–1980:* so lautet der Titel einer Arbeit, von deren Zuschnitt in den 1980er-Jahren viele entstanden sind, wenn auch nur wenige Zimmermanns wissenschaftliches Niveau, seine Präzision im Detail und die schnörkellose Klarheit seiner Wissenschaftsprosa erreichten. Apropos, natürlich erschien die Studie 1987 bei Klartext.

1987 – gerade mal sieben Jahre nach dem Ende des Untersuchungszeitraums! Wenn man noch die Entstehungszeit abzieht, dann schrieb hier ein Historiker gewissermaßen die Geschichte seiner eigenen Gegenwart. Das ist nicht nur ganz und gar ungewöhnlich, ja, aus wissenschaftlicher Sicht sogar fragwürdig – es ist vor allem ein Statement. Und so verstand Zimmermann seine Arbeit auch: als Dienst an einer Stadt im Ruhrgebiet, mitten in der tiefsten Tristesse einer empfundenen Zukunftslosigkeit. Das kurze Vorwort endet so:

Schließlich bildete die Verpflichtung, die ich den Hochlamarckern gegenüber empfand, einen entscheidenden Beweggrund, diese Studie zuende zu schreiben. Ihnen möchte ich diese Arbeit widmen: Günther Haak, Julius Kudusow, Frieda und Willy Meyer, Ruth, Andrea und Arthur Pust, Heinrich Pennekamp, Alwine Rübesamen, Sibylle und Eduart Salomon, Martha Sladek, Otto Wagner, Katharina und Fritz Weiße, Irmgard Wiesejahn, Mathilde Wiesejahn.[17]

Ehepaare, Geschwister, Kleinfamilien. Das war der »Geschichtskreis« in Recklinghausen-Hochlamarck, der Zimmermann aber nicht nur als Oral-History-Quelle diente. Mit »demokratischer« Geste vereinten hier auch Fachmann und Laien ihre Kräfte. Und so entstand aus der Bürgerinitiative neben der Dissertation noch eine zweite Lokalgeschichte, die sich eher an ein breiteres Publikum richtete – und es auch fand: das *Hochlamarcker Lesebuch.*[18]

Durch das LUSIR-Projekt war Zimmermann Teil des Kreises geworden, der sich jeden Freitag in der Alten Synagoge traf. Und anders als all die anderen, die kamen und wieder gingen, gehörte er irgendwann zum Haus. Von 1987 bis 1994 arbeitete er fest angestellt in der Gedenkstätte. In dieser Zeit widmete er sich, mit der gleichen Akribie wie zuvor der Hochlamarcker Arbeitersiedlung, unter anderem der Geschichte des jüdischen Lebens in Essen.[19] Und als 1991, zehn Jahre nach ihrer Eröffnung, die Alte Synagoge mit einer neuen Dauerausstellung aufwartete, da war es deren Kurator Michael Zimmermann, der die Essener Erkenntnisgewinne auf den Punkt brachte. *Verfolgung und Widerstand in Essen 1933–1945* – so lautet ihr Titel.[20] Auf den ersten Blick ist der Unterschied zur Vorgängerausstellung kaum zu erkennen. Denn die Wörter sind exakt dieselben. Aber ihre Reihenfolge hat sich geändert. *Widerstand und Verfolgung* – das war Ernst Schmidts Formel gewesen. Sie hatte es ermöglicht, das Schicksal der Essener Juden durch die Hintertür überhaupt zu bemerken. Aber wo Schmidt in der Mitte seines Buchs ein Foto der brennenden Synagoge gezeigt hatte, da befand sich die Ausstellung zur Lokalgeschichte der Jahre 1933 bis 1945 nun *in* ebendieser Synagoge. Und die historische Erforschung des Nationalsozialismus, zumindest die deutsche, hatte in den 1980er-Jahren gewaltige Fortschritte gemacht.

Der Antifaschismus war das Paradigma der Nachkriegsjahrzehnte gewesen – doch 1991 lautete es, dank der Alten Synagoge, dank Peukerts Erkenntnissen, aber auch einer amerikanischen TV-Serie: Rassismus und Holocaust. Und so hatte sich der Akzent verschoben: Dem Leiden, der Verfolgung gebührte nun der Vorrang. Dann erst kam der Widerstand zu seinem Recht. Denn die Aktivität der meisten Ruhrgebietsbewohner hatte, da konnte es seit LUSIR kein Vertun mehr geben, anderen Anliegen gegolten. Zwei Wörter, andere Reihenfolge – genau wie bei Niethammers e ist es hier ein winziges Detail, das den großartigen Historiker verrät.

Doch an Michael Zimmermann lässt sich noch etwas anderes über die Geschichtskultur der Alten Synagoge lernen. Weil sie hochwertige Wissenschaft »made in Essen« produzierte, konnte man sie exportieren. Das Ruhrgebiet war nur das naheliegende, aber letztlich zufällige Objekt, an dem eine innovative Art des historischen Denkens zu seiner Form gefunden hatte. Ob Ernst Schmidts antifaschistische Spurensuche, ob Lutz Niethammers stadthistorischer Röntgenblick, ob die Erinnerungsinterviews des LUSIR-Projekts, ob die lokalhistorischen Studien zu Arbeiterkolonien und Bevölkerungsgruppen wie den Essener Juden – nie war es darum gegangen, einer Institution, einer Organisation oder einem Gemeinwesen eine weitere Variante ihrer Geschichte zu liefern, sondern ein vergangenes Geschehen dem Vergessen zu entreißen, um es für die Zukunft zu erhalten. Forschung bedeutete hier fast immer: Pionierarbeit mit Rettungsabsicht.

Und so passt es, dass die bis heute maßgebliche Studie zur Verfolgung der Sinti und Roma im Nationalsozialismus von Michael Zimmermann stammt.[21] Denn wenn die Opfer der Euthanasiemorde dank des Engagements ihrer Familien und der Kirchen nie vergessen wurden; wenn es früh, und mit der Zeit auch immer breiter, ein Wissen um den Widerstand gegeben hatte; wenn die deutsche Gesellschaft spät, aber dafür umso nachhaltiger begriff, was den Juden im Nationalsozialismus angetan worden war – für die Sinti und Roma galt das nicht. Wenn sich das heute, zumindest ansatzweise, geändert hat, so ist dies neben der unermüdlichen Arbeit des Zentralrats der Sinti und Roma auch Michael Zimmermann zu verdanken. Wenn aber Zimmermann und der Zentralrat irgendwann getrennte Wege gingen, dann lag das nicht an persönlichen Verfehlungen, sondern einem Interessenkonflikt, den man kaum anders als tragisch nennen kann.

Pflegen, colere, Klartext: Industriekultur, Sozialkultur, Arbeiterkultur, Regionalkultur, Erinnerungskultur – all das ging in diesem Forschermilieu Hand in Hand. Und es war immer konkret, rückgebunden an Ortskenntnisse, an Quellenstudium, an darstellerische Präzision und an die Frage, was genau man da eigentlich tat und mit welcher Absicht. Das sollte im Auge behalten, wer heute Kritik an einer »deutschen Erinnerungskultur« übt, die sich in einer dialektischen Volte von ihren aufklärerischen Anfängen entfernt hat und in einer veränderten Gesellschaft droht, zur Ideologie zu entarten. Denn so dringend die Kritik geboten scheint, wenn sie nicht Spiegelbilder dieser Entartung hervorbringen will, sollte sie wissen, wie dünn das Eis ist, auf das sie sich begibt. Und wer nach einem Vorbild sucht, einem ebenso engagierten wie skrupulösen Historiker, der auf diesem Eis kunstvolle Pirouetten gedreht und halsbrecherische Sprünge gewagt hat, ohne dass es je brach, der sollte zuerst das Haupt- und Spätwerk von Michael Zimmermann lesen. Und dann den ergreifend nüchternen Nachruf, den Alexander von Plato ihm gewidmet hat.[22]

Als man sich im Hochlamarcker Geschichtskreis der Gegenwart zu nähern begann, wurden hier und da Klagen über die »Vertürkung« des Stadtteils laut. Niemand widersprach – außer Michael Zimmermann.[23] Empörte er sich? Machte er den Älteren, denen er sich in anderer Hinsicht so verbunden fühlte, Vorwürfe? Nein, er versuchte, ihnen zu erklären, dass zum Nachleben der Vergangenheit nicht nur das eigene Verlustempfinden gehört, sondern auch die Verantwortung für die Verbrechen der Vorfahren. Vielleicht klärte er sie auch über die Geschichte des deutschen Rassismus auf. Auf das Schicksal der Zwangsarbeiter aus dem Osten, der »Asozialen«, der »Berufsverbrecher«, der »Zigeuner«, der Erb- und Geisteskranken und all der anderen, die nicht ins deutsche Album von Anstand, Schönheit und Leistung gepasst hatten. Und vielleicht wies er sogar darauf hin, dass es im Ruhrgebiet seit jeher neben dem Wandel nur eine einzige Konstante gegeben hat – die Dialektik von Herkunft und Ankunft, von Entwurzelung und Neuverwurzelung, kurz: Migration.

Und als Vertreter der Sinti und Roma bei den Interviews, die Zimmermann mit Überlebenden führte, darüber wachen wollten, dass niemand etwas Falsches sagte, zum Beispiel Formulierungen benutzte oder Informationen mitteilte, die man mit etwas bösem Willen zur Bestätigung der nach wie vor grassierenden Vorurteile heranziehen konnte; und als sie ferner darauf bestanden, bei der geschätzten Opferzahl, weil sie ihnen zu niedrig vorkam, ein Wörtchen mitzureden – was tat Zimmermann da?[24] Er beendete die Zusammenarbeit und schrieb dann eine – von Lutz Niethammer betreute – Habilitation, die nicht nur alle Anforderungen an ein Standardwerk erfüllt, sondern auch in einer doppelt präzisen Sprache gehalten ist: die das Vetorecht der Quellen anerkennt, aber nicht das der Opfergruppen – während der Autor zugleich mit jedem Wort zu erkennen gibt, dass er deren Gefühle versteht. Und nach dieser Studie wurde er nicht müde, den Genozid an den Sinti und Roma mit dem Genozid an den europäischen Juden zu vergleichen und dabei zu sagen, was redliche Sozialwissenschaft eben sagt: In manchen Hinsichten glichen sich diese beiden Großverbrechen, in anderen nicht.[25]

Gute Wissenschaftler sind wie gute Zimmermänner. Wenn es sein muss, kommen sie ohne Nägel aus.

LAND DER ZEITEN,
NARBENPARK

Der Gott der Steinkohle heißt Diamant, auf Stahlhütten legt sich der Rost. Beides steht fest – anders als die Existenz des Ruhrgebiets. Doch was auch immer es mit dieser merkwürdigen Region auf sich haben mag, hier liegt der Schlüssel zu ihrer Beschreibung. Denn hinter der Tür befindet sich kein Raum, sondern ein Land. Was ist der Unterschied? Räume sind Kopfsache. Der Mensch denkt in Räumen. Er verortet seinen Planeten im Weltraum, auf dessen Oberfläche er sich in Großräumen voneinander abgrenzt, die er wiederum parzelliert, durch Raumpläne organisiert und durch Infrastruktur gestaltet, um am Ende Wohnräume zu schaffen, deren kleinste Einheit ein »Raum« ist, in dem er mit sich allein sein kann.

Länder dagegen sind keine Kopfsache. Aber sogenannte Tatsachen sind sie auch nicht. Ein Land – das ist ein Werden, in dem man leben, und ein Vergehen, das man bereisen kann. Was wird und vergeht, geschieht zeitbedingt. Doch wo *die* Zeit und *der* Raum ein Tyrannenpaar sind, das vom Menschen Unterwerfung verlangt, da erlauben es Länder dem Menschen, zusammen mit den Dingen, den Pflanzen und den Tieren fließend zu existieren. Und das Medium dieses Fließens ist die

Zeit. In ihr kann der Mensch, wenn er ein Land hat, sich entfalten, so, wie er umgekehrt die Zeit wie einen Teppich vor seinen Füßen ausrollen kann, sie trinken und ausatmen, ihren Spuren folgen und ihr Kommen erwarten, sie beim Gehen beobachten und ihr die eigenen Abdrücke anvertrauen: die passiv erfahrenen wie die selbst gesetzten, all sein Leid und all seine Schätze, die Wunden und die Narben, den Schweiß und das Gelingen. Politische Räume, Staaten genannt, können von der Landkarte verschwinden. Aber was ein Land ist, das verschwindet nicht. Es geht unter, sinkt auf den Zeitengrund und wartet dort mit endloser Geduld auf die Taucher im Ozean der Erinnerung. Hinter Ländern, das wissen alle Wanderer, liegen andere Länder, aber zwischen ihnen gibt es keine Grenzen. Und die Zeit, die in ihnen wirkt, verwirklicht weder Absichten, noch vollzieht sich in ihr *die* Geschichte – sie vermehrt sich nur durch ihre Wirkungen, ganz zwanglos, in eine unendliche Zahl von Aussichten und Geschichten. Länder, das sind Zeitgestalten, die gesehen, und Zeitstoffe, die gestaltet werden wollen.

Eine Gemeinsamkeit allerdings haben Land und Raum. Beide können zum Gegenstand von Plänen werden. Der Unterschied liegt im Zeitmanagement. Will der Mensch den Raum erobern, kann er erleben, was die eifersüchtige Gattin eines Tyrannen ist. Gnadenlos rollt ihm die Furie Zeit ihre Steine in den Weg. Wo verwirklichte Raumpläne Triumphe über die Zeit sind, da sind Zeitpläne die Geißel der Raumplaner. Am Ende von waghalsigen Plänen winken Prämien, Ruhm – und die Rachsucht der Zeit. Und am Anfang der größten

Menschheitsverbrechen standen Siedlungspläne, die Menschen in Lager brachten, aus denen es kein Zurück mehr gab. Länder dagegen lassen sich nicht gegen die Zeit planen. Denn wo ein Land gelingen soll, da muss die Zeit frei sein. Da muss sie kriechen dürfen, laufen, rasen, schleichen, springen, rascheln, rieseln, tröpfeln, fließen, knistern, krachen, rauschen, kommen, gehen, fallen, stehen, purzeln, tanzen. All das tut sie ohnehin, auch wenn man sie nicht darum bittet. Wer aber ein Land gestalten will, der muss einen Pakt mit der Zeit schließen: Hier ist ein Stück Erde, das überlassen wir dir – aber dafür lässt du zu, dass wir hin und wieder pflegend eingreifen, damit wir uns auf ihm bewegen und deine Werke preisen können.

So entstehen Gärten. Und wenn die Gärten Königen gehören, entstehen Parks. Als die Monarchen noch glaubten, allmächtig zu sein, spiegelte sich ihre Vermessenheit in Parkanlagen, deren geometrisch zugerichtete Natur in scharfem Kontrast zur Welt ihrer Untertanen stand. Doch das blieb Episode. Als zukunftsfähig erwies sich dagegen ein anderes Parkmodell: der Landschaftsgarten, dessen Anlage den Wildwuchs der Natur imitiert, sie aber zugleich durch eine asymmetrische Struktur von behutsam gepflegten Wegen, Wiesen und Seen mühelos zugänglich macht. Hier erst kann der Pakt des Menschen mit der Zeit seine ganze Kraft entfalten. Im Landschaftsgarten dürfen die Bäume wachsen, die Vögel brüten, die Steine vermoosen, die Spaziergänge mal kurze Erfrischung, mal erschöpfende Wanderung sein. Und wo ihre französischen Vorgänger sich durch hohe Zäune gegen ihr Außen verschlossen, da ist der Park im englischen Stil nicht nur offen für die Wirkungen der Zeit, sondern auch für das Eindringen seiner Umwelt.

Tummelplätze für die Zeit, sind gelungene Landschaftsgärten aber auch in der Lage, sich mit der Zeit selbst zu verwandeln. So erlebten die von Peter Joseph Lenné, dem General-Gartendirektor der königlich-preußischen Gärten, entworfenen Parkanlagen in Potsdam nach ihrer Instandsetzung in den 1990er-Jahren eine zweite Blüte. Und dabei wirken sie, auch weil kein König mehr seinen Ehrgeiz an ihnen stillen muss, heute natürlicher denn je. Wer etwa durch das Grün in der Umgebung der Heilandskirche streift, würde den fließenden Übergang vom Sacrower Schlosspark in die Moränenwälder des Havellandes kaum bemerken, wenn ihn nicht ein unscheinbarer alter Holzzaun an die Grenze zwischen Natur- und Kunstlandschaft erinnerte. Tut sich aber, inmitten dezent verwilderter Wiesen und selten beschnittener Bäume, dem Auge plötzlich der Anblick eines weit entfernten Schlossturms oder der Glienicker Brücke am anderen Ufer des Jungfernsees auf, dann müsste der Spaziergänger schon sehr naiv sein, um an einen Zufall zu glauben. Oder anders gesagt: Mit genau dieser Naivität rechnete Lenné, und dass sie ihm auch zwei Jahrhunderte später noch in die Falle geht, zeugt von seiner unerreichten Meisterschaft.

Gewiss kein Zufall ist es auch, dass sich zwei der schönsten Kunstlandschaften der Bundesrepublik in einer anderen Residenzstadt befinden. Über den Englischen Garten in München wäre viel zu sagen, zum Beispiel, dass er sich im Laufe der Jahrzehnte mit der gleichen Selbstverständlichkeit an die Isarauen angeschmiegt hat wie der Schlosspark in Sacrow an die Havellandschaft. Aber für das Ruhrgebiet ist vor allem das zweite Kunstwerk bedeutsam: der Münchener Olympiapark. Er konnte zu einem weltweit bewunderten Modell werden, weil seine Planer von Anfang an über die Wochen der primären Nutzung hinausdachten. Dabei wäre die kommunale Nutzung der Sportstätten nach den Olympischen Wettkämpfen kaum der Rede wert – auch wenn sie zur Ikone der Ära Beckenbauer geworden ist. Ganz und gar außergewöhnlich aber war der nahtlose Übergang des Olympischen Dorfs von einer vorübergehenden Sportlerbehausung zu einer modernen Wohnsiedlung. Und davon ließ sich lernen.

//

Dass der Chemiker und Geowissenschaftler Karl Ganser an der Planung der Olympischen Spiele in München beteiligt war, darf man im Rückblick wohl als eine Art Gesellenstück begreifen.[1] Denn um ein Meister zu werden, musste er auf Wanderschaft gehen. Und die führte ihn nach Nordrhein-Westfalen, wo er an einem Düsseldorfer Schreibtisch einige Jahre mit Fragen der Landesplanung und der Stadtentwicklung beschäftigt war. Dass in ihm aber nicht nur ein Meister, sondern auch ein Künstler steckte, sollte sich erst zeigen, als 1989 der vielleicht größte Glücksfall eintrat, den das postmontane Revier seit der Entstehung der Geschichtsszene in der Essener Synagoge erlebt hatte. Die Emscherregion wurde für zehn Jahre zum Austragungsort der Internationalen Bauausstellung (IBA), was nichts anderes hieß, als dass ein, freundlich gesagt, unansehn-liches Territorium die Chance bekam, sich in einen Park zu verwandeln. Und die nutzte es. Genau wie Ludger Claßens Klartext-Verlag hat die von Karl Ganser und Christoph Zöpel geleitete IBA Emscher Park das Ruhr-gebiet weniger gerettet als vielmehr neu erfunden. Wo aber um 1980 in Essen Spuren einer untergehenden Ge-schichte gesichert wurden, da wurde um 1990 das Ent-stehen einer Landschaft kuratiert. Sie ist immer noch nicht vollendet und wird es vielleicht, um nicht zu sa-gen: hoffentlich auch nie sein. Denn der Aufbruch trägt bis heute.

In gewisser Weise führte Karl Ganser das Werk von Robert Schmidt fort. Dass ihm größerer Erfolg beschie-den war als dem unglücklichen Vorgänger, lag vor al-lem an den günstigeren Bedingungen, unter denen er sein Projekt in Angriff nahm. Statt mit gigantischen Widersachern hatte er es nämlich mit einem Patienten zu tun, dessen Lebensgeister gerade versiegten. Der in tiefster Agonie dabei war, das tiefe Schwarz der Kohle gegen das noch tiefere Schwarz der Verzweiflung ein-zutauschen. Und diesem Häufchen Unglück wies der unaufdringliche Könner aus einer glücklichen, ja, der vielleicht glücklichsten Stadt des Landes einen Ausweg. Er riet dem Ruhrgebiet, sich nach dem Hinscheiden der Schwerindustrie als Witwer zu begreifen und nach ei-ner neuen Verbindung umzusehen. Er habe da, sagte er sinngemäß, eine Idee. Und weil die gut war, voll-brachte Ganser das Wunder, eine in jeder Hinsicht un-wahrscheinliche Beziehung zu stiften – zwischen dem elenden Rest, der nach dem Abzug der Montangiganten geblieben war, und der prächtigsten Braut des Universums: der Göttin Zeit.

Ein Jahrzehnt nach dem Aufbruch der Historiker und ein Jahrzehnt bevor Essen zur Kulturhauptstadt Europas wurde, rückte Ganser mit der IBA auch Verhältnisse gerade, die sich seit fast hundert Jahren in Schieflage befunden hatten. Denn das Herz seines Parks lag nicht, wie Essen, an der Ruhr – es schlug inmitten eines kleinen Flusses, der das Montanrevier eigentlich viel besser bezeichnet hätte: der viel geschundenen Emscher, dem Rinnsal des viel gescholtenen Gelsenkirchen. In dem Schicksal dieses Flüsschens verdichtete sich für Ganser das Schicksal der ganzen Region. Denn um zu werden, was es wurde, hatte das Ruhrgebiet nicht nur das Vorhandende rücksichtslos zerstört, es hatte auch das, was blieb, hoffnungslos überfordern müssen. Und diese Überforderung lässt sich, genau wie ihre Überwindung, in Begriffen der Zeit beschreiben.

Der ungebremste Zustrom von Menschen, der in wenigen Jahrzehnten eine bäuerliche Welt in einen Industriemoloch mit Millionenbevölkerung verwandelte, schaffte ein gewaltiges Problem: gefährlichen Dreck. Und so musste die zwar zentral gelegene, aber viel zu kleine Emscher, um Seuchen vorzubeugen, Massen von Abwässern und Fäkalien in den Rhein abtransportieren.[2] Zugleich verschärfte die Arbeit, derentwillen die Zuwanderer gekommen waren, das Problem. Denn die Gruben, die sie in rasender Geschwindigkeit Tag für Tag tiefer aushöhlten, führten zur Absenkung des Bodens, was die Emscher irgendwann gezwungen hätte, bergauf zu fließen. Aber sie war nicht nur winzig klein, sie konnte auch die Naturgesetze nicht ändern. Und so sahen sich westliches Westfalen und östliche Rheinprovinz plötzlich mit einer existenzgefährdenden Lage konfrontiert, die man im benachbarten Holland über Jahrhunderte zu bewältigen gelernt hatte.

Doch was die Nachbarn mithilfe des stetigen Windes allmählich entwickelt hatten, das erzwang das Revier nun in kürzester Zeit mittels rauchender Schlote und Kohleverstromung. 1900 gegründet, überzog die Emschergenossenschaft die Region zuerst mit einem 350 Kilometer langen Netz aus Kanälen, die sich im Rhein-Herne-Kanal zu einem Parallelfluss von Ruhr und Emscher vereinten. Und dann wurde die Kloakenmasse, die sich in diesem Abwassersystem sammelte, in Duisburg-Laer von einem gigantischen Pumpwerk, dem größten und leistungsstärksten seiner Zeit, in den Rhein abgesaugt. Doch Wasser, das als Transportmittel missbraucht und vertrieben wird, kann nicht mehr zu Grundwasser werden. Also musste das Trinkwasser genauso in den Kessel hineingepumpt werden wie das Schmutzwasser hinaus. Man kann es Pottwirtschaft nennen. Auf Dauer wurde es zu einem Teufelskreislauf. Als die Giganten sich verzogen, hinterließen sie jedenfalls ein regionales Gewässersystem, das zwar immer noch den Ausbruch von Seuchen verhinderte, aber inzwischen selbst mausetot und voller Gift war.

Genau wie sein Vorgänger Robert Schmidt begriff Ganser, dass die Lösung der regionalen Schlüsselprobleme in der Begrünung lag. Aber die Tendenz seiner Initiative ging in die entgegengesetzte Richtung. Wo es am Anfang des Jahrhunderts gegolten hatte, in kürzester Zeit möglichst viele Bäume zum größtmöglichen Ausstoß von Sauerstoff zu pflanzen, da sollten nun entlang der Emscher künstlich angelegte Auen entstehen, um den durch Kanäle und Versiegelung forcierten Abflussdrang des Niederschlags zu hemmen. Die Zauberformel hieß: Verlangsamung. Das Zauberwort: versickern. Das Ziel: Grundwassersammlung. Damit setzte Karl Ganser mit der IBA einen Prozess des Umdenkens in Gang, dessen Ergebnisse heute im gesamten Ruhrgebiet zu bestaunen sind. Die überlasteten Abwassermaschinen sind zu Keimzellen der Renaturierung geworden. Und so bekam das geschundene Revier am Anfang seiner Kur die Ressource, die es dringender brauchte als alles andere: Zeit.

Seit jeher ist das Wasser Sinnbild der Zeit. Wir haben nur vergessen, dass beides in endloser Vielfalt existiert. Der Strom *der* Geschichte, der die Menschheit der Zukunft entgegenträgt, war nur eine Spielart, die man für zwei in jeder Hinsicht außergewöhnliche Jahrhunderte überschätzt hat. Heute wissen wir, dass die Zeit, so wie auch das Wasser, viele Gestalten hat. Wo das Versickern Langsamkeit erfordert, da ist bei der gegenläufigen Wasserwirtschaft nach wie vor Dringlichkeit geboten. Pumpte man das Grubenwasser nicht ununterbrochen aus den Hohlräumen der geschundenen Erde, würde es mit all seinen Giften zuerst in das Grundwasser eindringen und dann das unfreiwillige Polderland überfluten. Diese Arbeit muss aber nicht nur in kurzer Zeit viel Wasser transportieren, sie muss es auch in der längstmöglichen Zeit tun: nämlich für immer. Solange im Ruhrgebiet Menschen leben, werden die Pumpen laufen. Wie in den Niederlanden. Nur, dass dort Gründungsakt einer Händlernation war, was hier »Ewigkeitslast« eines industriellen Zerstörungswerks ist.

Nach der IBA veröffentlichte Karl Ganser einen kommentierten Fotobildband über das Ruhrgebiet, der aus dem Meer der kommentierten Fotobildbände über das Ruhrgebiet wie eine wundersame Insel herausragt.[3] In ihm präsentiert sich weder ein Berufsfotograf, noch spricht ein Schriftsteller, es dokumentiert ein bescheidener Macher die Spuren seiner Arbeit. Wer ihn zu lesen und zu betrachten versteht, der wird auch in der Lage sein, das Ruhr-Emscher-Gebiet, das früher einmal Ruhrgebiet hieß, mit anderen Augen zu lesen und zu betrachten. Verzagt nicht, sagt Ganser zu dessen Bewohnern, kommt und seht, zu seinen Gästen – wo die Vergangenheit zur Frucht reift, ist die Zukunft längst angebrochen! Die Renaturierung der Emscher war ja nur ein Anfang. Insgesamt umfasste die IBA einhundert Einzelprojekte, die sich mit ganz unterschiedlichen Mitteln einer Idee verschrieben, die es unbedingt verdient, am Leben gehalten zu werden. Welcher Idee? Den ehemaligen Ruhrkohlebezirk in einen Park zu verwandeln. Er ist noch nicht vollendet, aber auch das gehört zur Idee. Sosehr er sich nämlich auch von Vorbildern in Potsdam und vor allem München hat anregen lassen – dieser Park hat kein Vorbild.

Schon seine Größe übertrifft alles je Dagewesene. Anders als die großen Kunstlandschaften, an denen sich der Begriff des Parks gebildet hat, ist der Ruhr-Emscher-Park weniger ein Gartenkunstwerk, zu dessen Vollendung es gehört, dass es sich wandeln kann, als eine

Region, die unter freiem Himmel Werke sammelt. Und diese Werke dienen nicht, oder zumindest nicht nur, der Kontemplation und dem Kunstgenuss – sie schaffen eine Landschaft, ein Stück Land, dessen Werden man bewohnen und dessen Vergehen man bereisen kann. Gekennzeichnet von gewaltigen Landmarken, einzelnen Fördertürmen und begrünten Halden, befinden sich in dieser Landschaft Gärten und kleinere Parkanlagen neben Industriedenkmälern, Flächenkunst neben neuangelegten Radwegen, Freilichtmuseen mit Regionalbezug inmitten einer Infrastruktur zur Altlastenbewirtschaftung, die das Leben in der Region bis ans Ende aller Tage garantieren soll. Entscheidend aber ist gar nicht die Zahl der Projekte. Sammlungen können ja schnell zum Sammelsurium geraten. Was zählt, ist der Geist, in dem sie entstanden sind. Auch, um ihn zu bewahren, lohnt die Lektüre von Gansers Buch.

Im Sinne der IBA-Idee kann man diesen kommentierten Bildband als eine Sammlung von Zeitbezügen, ja, von Zeitkonzepten lesen, zu deren Ordnung sich die Struktur eines Koordinatensystems anbietet. Die vertikale Achse ist durch die Richtungen des Wassers markiert: das ewige Hochpumpen des Grubenwassers, das gegen die Zeit arbeitet, spiegelt sich in der allmählichen Verlangsamung des Versickerns, das mit der Zeit die Regeneration des Grundwassers bewirken soll. Die andere Achse erstreckt sich horizontal über die gesamte Region. Um sie herum versammeln sich die Industriedenkmäler.[4] Denn auch in ihnen hat die Zeit zwei Richtungen, von denen nur eine in die Vergangenheit weist. Zum Denkmal erhoben, spricht aus den Ruinen der Hüttenwerke, den Tempeln der Maschinenhallen und den Gerippen der Fördergerüste das, was wir Geschichte nennen. Dabei kann durchaus offen oder auch umstritten sein, was ein solches Denkmal eigentlich ist: eher ein Bild der Dauer in Zeiten des fortwährenden Wandels – oder eher ein Widerstand, der zur fortwährenden Auseinandersetzung herausfordert? Der gelernte Denkmalschützer Ganser berichtet von den anregenden Diskussionen, die er über diese Frage mit Ulrich Borsdorf, dem Leiter des Essener Ruhrlandmuseums führte, einem ehemaligen Assistenten von Lutz Niethammer.[5]

Aber neben dem offensichtlichen Vergangenheitsbezug haben einige dieser Denkmäler auch eine überraschende Zukunftsdimension. Sie als Denkmal zu bezeichnen, ist ja genau genommen eine Metapher. Denn tatsächlich handelt es sich um verwaiste Großarchitektur, derer sich die Natur nun mit allem bemächtigt, was sie zu bieten hat. Pflanzen wachsen, Tiere wandern in sie hinein.[6] Das Wetter verrichtet physikalische Arbeit an ihnen. Sauerstoff und Wasser setzen auf ihren Oberflächen chemische Prozesse in Gang. Doch anders als für die historische Dimension, die das Denkmal als eine Insel der Dauer im Meer der Veränderung begreift, fehlt uns für das Lob des Verwilderns und Verwitterns die Sprache. Ein Zeichen, das sich zu etwas Neuem wandelt, während es auf etwas Vergangenes verweist – das erscheint uns als Paradox.

Dagegen hat sich in den Ländern des Fernen Ostens, insbesondere in Japan, eine ästhetische Kultur entwickelt, die nicht das Alte gegen das Neue in Stellung bringt, sondern in den Spuren der Zeit ein Medium der Schönheit erkennt, ganz gleich, in welche Richtung sie führen.[7] Um den Unterschied auf Plakatform zu bringen: Wo der Westen den Diamanten als Symbol der Vollendung verehrt, weil rohe Kraft und Milliarden Jahre hier den Kohlenstoff bis zu einem Grad »veredelt« haben, dass die Zeit ihm schlicht nichts mehr anhaben kann, da verehrt der Osten die Zeichen des Gewirkten, den Rost, die Patina, den Kratzer und das Moos genauso wie die Zeichen des Kommenden, die Kirschblüte, den ersten Schnee, das Einsetzen des Regens, die Stimmen der Tiere am Anfang der Tages- und Jahreszeiten. Besonders anschaulich wird diese Ästhetik in der Gedichtform des Haiku, dessen Poetik des Augenblicks »Vergangenheit« und »Zukunft« in einem ebenso beiläufigen wie absoluten Präsens zusammenbindet.

Das Riedgras sinkt.
Das Auge sieht
die Kälte wachsen.[8]

Dieser Vers des Dichters Kobayashi Issu ist reine Zeitkunst. Das Vergehen, angezeigt im Sinken der sommerlichen Vertikale, die das Riedgras im Herbst *nicht mehr* halten kann, ist gleichbedeutend mit dem Werden des Winters, der aber *noch nicht* angebrochen ist. Der Haiku braucht kein Zeitvokabular, weil sich in der symbolfreien Anschauung des Konkreten die Zeiten treffen. Wo der Westen das Nebeneinander von Werden *und* Vergehen eher als Widerspruch, den Pendelschwung von Nicht-mehr *und* Noch-nicht als Zerrissenheit und daher die Ewigkeit des »schönen« Augenblicks als gefährliches Glück – Mephisto! – begreift, da kann der Präsentismus des Haiku zwanglos und ambivalenzfrei sagen: noch nicht mehr.

Aber auch das gelungene Industriedenkmal kann Nicht-mehr und Noch-nicht auf eine Weise verbinden, die sich, zumindest für westliche Verhältnisse, durchaus harmonisch ausnimmt. Denn diese Beziehung ist ungezwungen. Frei von aller Nützlichkeitslast und jeglicher Schicksalsschwere, taugt sie zum Sinnbild postindustrieller Identität. Sollten Reisende, die das mal sehen wollen, Einheimische, die es nicht glauben können, oder Lehrer, die den nächsten Wandertag planen, nach einem Ort suchen, an dem diese großen Worte sich an der Realität überprüfen lassen: Das Industriemuseum Henrichshütte wäre ein gutes Ziel.[9] Wenn es im Ruhrgebiet ein Symbol für die Einheit von westlicher Vergangenheitspflege und östlicher Verwitterungsfreude gibt, dann dürfte es diese Hattinger Landschaft im Land der Zeiten, dieser Narbenpark sein. Wie es sich für ein Museum gehört, sind hier viele Schautafeln zu finden, die dem Besucher erklären, was er sieht, und zeigen, was er sonst übersähe. Dass die meisten davon historisch informieren, versteht sich in einem Museum von selbst, auch wenn die Geschichte, auf die hier verwiesen wird, ein nie zu vollendender Auftrag bleibt. Weil sie weniger selbstverständlich ist, soll jedoch hier einer anderen Schautafel das letzte Wort gehören. Sie liest sich wie ein Lehrgedicht in Prosaform. Doch wer ihre Botschaft beherzigt, hat nicht nur etwas gelernt. Er hat auch einen Gesang aus Namen gehört, die Geschichten von Herkunft und Niedergang erzählen. Die den Glauben an die Ewigkeit der Erneuerung stärken. Und die neugierig auf den Frühling machen:

Der »Schlackeberg« besitzt alte Waldreste, die noch aus vorindustrieller Zeit stammen. An dessen Rand befinden sich die ältesten Industriebrachen mit Bäumen wie Bergahorn, Esche, Stieleiche, Salweide und Birke. Zwischen den stillgelegten Bahngleisen wächst unverwüstlich der Stinkende Storchenschnabel mit seinen kleinen rosa Blüten. Daneben erblüht schon zeitig im Jahr der winzige Dreifinger-Steinbrech, der selbst gegen Unkrautvernichter resistent ist. Wärme liebende Pflanzen gedeihen prächtig im Schutz warmer Mauern und auf dunklen Schotterflächen: Sommerflieder, Nachtkerze, Königskerze, Johanniskraut, Schmalblättriges Greiskraut, Wilder Majoran, Dürrwurz und andere. An feuchten Stellen wachsen Was-

serdost, Schmalblättriges Weidenröschen und Echter Baldrian. Sogar auf den Bahnwaggons und zwischen Anlageresten keimen Birken- und Weidensprösslinge. An den Erztaschen wächst der aus China stammende Götterbaum und auf der Erzbrücke gedeiht die Robinie, ein dorniger Schmetterlingsblütler aus Nordamerika. Im Möllergraben, in dem sich Grund- und Niederschlagswasser sammelt, hat sich ein Ersatz-Feuchtbiotop entwickelt, das vielen Tieren auf dem Gelände als Tränke und manchen sogar als Lebensraum dient.

EPILOG:
GELSENKIRCHENER RASEN

Olivier Kruschinski, ein Name wie ein Ruhrgebietsvers, lehnt an der Glastür der VIP-Loge und lästert, während die königsblaue Wand das Steigerlied schmettert, über Schalke 04.[1]

> *Glück auf, Glück auf, der Steiger kommt. Und er hat sein helles Licht bei der Nacht schon angezünd't, schon angezünd't*

»Tolle Stimmung!«, sagt der Gast.

»Ich will nur, dass sie gewinnen«, sagt – wenn fiktiv, dann nah der Wirklichkeit – Kruschinski. »Der Rest ist mir ziemlich egal.«

> *Hat's angezünd't, das gibt ein' Schein, und damit so fahren wir bei der Nacht, ins Bergwerk ein, ins Bergwerk ein*

»Ich gönne Schalke die Punkte nicht, Werder will ja auch aufsteigen. Aber diese Leidenschaft, die muss man erst mal entfachen.«

»Ich gönne uns die Punkte und euch nicht. Aber diese Nostalgie ist einfach nur vergesslich.«

Ins Bergwerk ein, wo die Bergleut sein, die da graben
das Silber und das Gold bei der Nacht, aus Felsgestein,
aus Felsgestein

»Wieso, was hat sie denn vergessen?«

»Wie der Mythos Schalke entstanden ist. Wir waren
groß, als wir noch wussten, worum es am Spieltag ging.
Wir haben vergessen, dass es ums Vergessen ging.«

Aus Felsgestein graben sie das Gold, und dem schwarz-
braunen Mägdelein bei der Nacht, dem sein sie hold,
dem sein sie hold

»Und was genau?«

»Dass es eine dreckige, gefährliche, ungesunde, harte
Scheißarbeit war unter Tage. Die Leute in der Kurve
wissen gar nicht mehr, was sie da verklären.«

Und kehr ich heim zu dem Mägdelein, dann erschallt
des Bergmanns Gruß bei der Nacht, Glückauf, Glück-
auf

»Schalke«, fährt Kruschinski fort, »das war mal ein Deal
unter Bergarbeitern. Ihr trainiert, während wir malo-
chen. Aber dafür beschenkt ihr uns am Wochenende
mit Vergessen. Mit Schönheit. Mit Fußballkunst. Der
Schalker Kreisel stand für ein Leben, das noch nicht angebrochen war.«

Der Ball rollt, aber es läuft nicht rund. Egal, die Nord-
kurve steht. Singt. Trägt. Fliegt. Unermüdlich.

Wir sind Schalker, asoziale Schalker, schlafen unter
Brücken oder in der Bahnhofsmission – wir sind Schal-
ker, asoziale Schalker!

16 309 Kehlen, wie ein Mann, feiern sich und ihren Verein durch Selbstbeschimpfung. Jetzt lächelt Kruschinski. Das gefällt ihm besser als der Steigerkitsch.

»Weißt du, was ein Mundloch ist?«

»Na ja, ich kann's mir denken.«

»Kannst du nicht. Weißt du, was ein Mundloch ist?«

»Nein.«

»Ich sag's dir. Ein Mundloch, das ist ein Stolleneingang an der Erdoberfläche. Und warum erwähne ich das? Weil sich unser Spielertunnel als Mundloch kostümiert.«

»Passt doch.«

»Nein! Passt nicht. Mundlöcher, das ist prähistorischer Bergbau. So haben die sieben Zwerge gegraben. Aber das Revier, das war Hightech! Tiefe Schächte unterhalb des Grundwassers. Um die abzuteufen, brauchte man Spitzentechnologie. Und sehr viel Geld. Was hier vor hundert Jahren abging, das geht heute in Silicon Valley ab. Aber auch das haben wir vergessen. Und darum verzwergen wir uns zu einem Malocherclub mit Mundlochkitsch. Kein Wunder, dass wir zweite Liga spielen.«

»Wow. Hast du mehr von dem Stoff?«

»Ruf mich an.«

//

Niethammer tanzte den Heisenberg, Kruschinski rast den Niethammer.[2]

»Was siehst du da?«

»Einen Traktor«

»Genau, und wo sind wir?«

»In Gelsenkirchen?«

»Ja, aber wo in Gelsenkirchen?«

»Keine Ahnung.«

»Ziemlich genau in der Stadtmitte! Steig ein, wir fahren weiter.«

Niethammer tanzte den Heisenberg, Kruschinski brettert den Niethammer.

»Da hinten, am Horizont, was siehst du da?«

»Einen Turm.«

»Genau, und was ist das für ein Turm?«

»Keine Ahnung.«

»Der Rathausturm von Buer. Und weißt du, was Buer ist?«

»Keine Ahnung.«

»Buer war mal ein Dorf, genau wie Schalke oder Wattenscheid, hier direkt hinter uns. Aber heute ist es der nördlichste Stadtteil von Gelsenkirchen. Und zwischen Buer und der Halde Rheinelbe, wo wir jetzt stehen, was siehst du da?

»Nun ...«

»Was siehst du?«

»Viel Grün.«

»Genau, nichts als Grün! Fast nichts, genauer gesagt. Denn was siehst du da, in der Mitte zwischen uns und dem Rathausturm?«

»Einen weißen Fladen.«

»Genau. Und was ist das?«

»Die Arena auf Schalke.«

»Sehr gut. Und wo befindet die sich?«

»Zwischen uns und Buer?«

»Schlaumeier. Wo befindet sich die?«

»Keine Ahnung.«

»Im geographischen Zentrum von Gelsenkirchen!«

»Aber da war doch schon der Traktor.«

»Willst du mich verarschen? Der Traktor bestellt das Feld direkt neben der Arena! Bist du blind?«

»Interessant. Anderswo steht im Zentrum eine Kirche.«

»Hast du Kirche gesagt?«

»Ja.«

»Komm mit.«

Niethammer tanzte den Heisenberg, Kruschinski knattert den Niethammer.

»Was siehst du da?«

»Ein Kirchenfenster mit Glasmalerei.«

»Genau. Und was zeigt die Malerei?«

»Einen Heiligen?«

»Genau, Sankt Aloisius. Und was ist das Zeichen dieses Heiligen? Was liegt ihm zu Füßen?«

»Ein Fußball.«

»Ein Fußball! Mann, ich hatte eine Gruppe vom FC Barcelona hier. Die haben das gesehen und mich angeguckt wie zwölf Autos. Ihr seid ja vollkommen verrückt in Schalke, sagen die. *Auf* Schalke, sage ich, sind wir verrückt – aber warum? Weil wir den Beistand eines Heiligen suchen? Nein, sagen die, weil ihr nicht mehr daraus macht!«

Es gibt hier und dort Kapellen in Stadien, so, wie die Kurven hier und dort *You'll never walk alone* singen. Aber es gibt nur zwei Stadionkapellen, die wirklich zählen. Die eine liegt im Innersten von Camp Nou, dem Stadion des FC Barcelona. Aber Camp Nou ist geschenkt. Barcelona ist eine glückliche Stadt. Und darum befindet sich die Kapelle aller Kapellen in der Arena auf Schalke. Nur hier, im Herzen der Finsternis, kann die Bitte um Gottes Hilfe das existenzielle Nichts erhellen, aus dem wir alle herauspurzeln, um nach einem Wimpernschlag der Ewigkeit, genannt Leben, wieder in ihr zu versinken. Doch die Finsternis ist nicht mehr die der Gruben, in der die Steiger ihr Licht anzündeten. Es ist die Finsternis der Kulturindustrie, die heute, da mit den Härten der Montanindustrie auch die Solidarität flöten ging, nur noch die Liebe erleuchten kann. Egal, wem oder was sie gilt. Und sei es ein Fußballverein.

Die Arena auf Schalke ist eine Leere, die zu allem wird, was sich der Kunde wünscht. Wer an einem ganz normalen Montag glaubt, er sähe vor ihren Toren einen Trainingsplatz, der täuscht sich. Was er sieht, ist ein Rasen, der nur an Spieltagen in die Arena geschoben wird, 10 000 Euro oder so pro Fahrt. Aber davon abgesehen, ist hier jeder willkommen, der zahlt: der Weltkongress der evangelikalen Kieferchirurgen, die Pimmel von Rammstein, die Toten Hosen usw. Und wer ein paar Scheine extra hinlegt, bekommt sogar Schnee. Biathlon-Weltcup in Oberhof? Am Holmenkollen? Vergiss es – im Zentrum von Gelsenkirchen!

Wir fahren ein, nicht ganz so tief wie einst die Steiger, aber doch bis auf den Grund der Arena.

»Was siehst du da?«

»Ziemlich viele Stahlfässer.«

»Genau. Und was ist da drin? Bevor du ›keine Ahnung‹ sagst, verrate ich es dir: Bier ist da drin. Und wohin führen die Schläuche?«

»Du wirst es mir gleich sagen.«

»Nach oben, in die Kioske und VIP-Logen. Man bekommt hier Bier in einer Kühltemperatur, von der die Gastrobereiche in anderen Stadien nur träumen. Sechs Grad. Dorthin pumpt die Arena ihr Bier.«

»Wie die Pumpen das Regenwasser aus den Gruben?«

»Wie die Pumpen das Regenwasser aus den Gruben.«

Meisterschaft, Europacup, Pokal: scheißegal, wir nehmen alles, was glänzt. Erste Liga, zweite, dritte, vierte, dritte, zweite, erste, Meisterschaft, Europacup, Pokal – scheißegal, wenn Schalke spielt, dann pumpt das Herz der Finsternis in die Adern ihrer Fans das Blut des Herrn.

//

Von Lutz Niethammers historischem Röntgenblick hat Olivier Kruschinski vermutlich nie gehört. Aber er zählt, genau wie Ernst Schmidt, zu den studierten Laien, die auf ihre eigene Weise durch den Schleier der Gegenwart hindurch auf den Grund der Vergangenheit schauen, um dort nach Ideen für die Zukunft zu suchen. KONKRETEN Ideen! Für eine LOKALE Zukunft! Wer einmal mit Kruschinskis Augen durch Gelsenkirchen gefahren ist, dem tut sich unter der gewöhnungsbedürftigen Oberfläche eine faszinierende

Welt auf – eine Landschaft im Ruhr-Emscher-Narben-
park.

Englischer Garten? Schönheit? Ära Beckenbauer?
Scheißegal. Wir hatten Ernst Kuzorra, Fritz Szepan,
Stan Libuda, Abi Abramczik. Und einen Libero aus
München: Karl Ganser. Es ist alles da. Genug jedenfalls,
um hier und in 52 anderen Städten das ehemals Ruhrgebiet genannte Land der Zeiten bis ans Ende aller Tage
am Leben zu erhalten.

WAZ fehlt, da hat Bruder Eilenberger vollkommen
recht, sind eigentlich nur die Standpunkte der Frauen.[3]

VERWENDETE LITERATUR

Alte Synagoge (Hrsg.): Jüdisches Leben in Essen 1800–1933.
Studienreihe der Alten Synagoge Bd. 1. Redaktion: Michael
Zimmermann, Claudia Konieczek. Essen 1993

Bajohr, Frank: Detlev Peukert, in: Hamburgische Biografie.
Personenlexikon Bd. 2, hrsg. v. Franklin Kopitzsch und Dirk
Brietzke. Hamburg 2003, S. 324–325

Berglar-Schröer, Paul: Um den Heimathof. Novelle, Varel i. O.
1926

Bloch, Ernst: Das Prinzip Hoffnung. Frankfurt a. M. [1959] 1993

Böll, Heinrich: Der Zug war pünktlich [1949]. Köln 2009

Böll, Heinrich: Im Ruhrgebiet [1958], in: Theo Grütter, Stefanie
Grebe (Hrsg.): Chargesheimer. Die Entdeckung des Ruhrgebiets. Köln 2014, S. 116–133

Brüggemeier, Franz-Josef/Rommelspacher, Thomas: Blauer
Himmel über der Ruhr. Geschichte der Umwelt im Ruhrgebiet
1840–1990. Essen 1992

Bude, Heinz: Solidarität. Die Zukunft einer großen Idee.
München 2019

Cassirer, Ernst: Philosophie der symbolischen Formen. Bd. 3:
Phänomenologie der Erkenntnis [1929]. Darmstadt 1975

Doering-Manteuffel, Anselm/Raphael, Lutz: Nach dem Boom.
Neue Einsichten und Erklärungsversuche, in: Dies. (Hrsg.):
Vorgeschichte der Gegenwart. Dimensionen des Struktur-
bruchs nach dem Boom. Göttingen 2016, S. 9–36

Eilenberger, Wolfram: Das Ruhrgebiet. Versuch einer Liebeserklärung. Stuttgart 2021

Esposito, Fernando: Von no future bis Posthistoire. Der Wandel
des temporalen Imaginariums nach dem Boom, in: Doering-
Manteuffel, Anselm/Raphael, Lutz (Hrsg.): Vorgeschichte

der Gegenwart. Dimensionen des Strukturbruchs nach dem Boom. Göttingen 2016, S. 393–424

Foucault, Michel: Die Geburt der Biopolitik. Geschichte der Gouvernementalität II. Vorlesungen am Collège de France 1978/1979. Frankfurt a.M. 2006

Ganser, Karl: Liebe auf den zweiten Blick. Internationale Bauausstellung Emscher Park. Dortmund 1999

Goch, Stefan: Von der Kohlekrise zum neuen Ruhrgebiet: Strukturwandel und Strukturpolitik, in: LWL-Industriemuseum (Hrsg.): Schichtwechsel. Von der Kohlekrise zum Strukturwandel. Essen 2011, S. 6–19

Grütter, Heinrich Theodor: Böll/Chargesheimer und die Folgen. Das Bild des RG im Strukturwandel, in: Ders., Stefanie Grebe (Hrsg.): Chargesheimer. Die Entdeckung des Ruhrgebiets. Köln 2014, S. 285–297

Haiku. Japanische Gedichte. Ausgewählt und übersetzt von Dieter Krusche. München 1994

Heer, Hannes/Ullrich, Volker: Die »neue Geschichtsbewegung« in der BRD. Antriebskräfte, Selbstverständnis, Perspektiven, in: Dies. (Hrsg.): Geschichte entdecken. Erfahrungen und Projekte der neuen Geschichtsbewegung. Reinbek 1985, S. 10–33

Herbert, Ulrich: Apartheid neben. Erinnerungen an die Fremdarbeiter im Ruhrgebiet, in: Niethammer, Lutz (Hrsg.): Faschismuserfahrungen im Ruhrgebiet. Lebensgeschichte und Sozialkultur im Ruhrgebiet 1930–1960 Bd. 1. Bonn 1983, S. 233–266

Herbert, Ulrich: Zur Entwicklung der Ruhrarbeiterschaft 1930 bis 1960 aus erfahrungsgeschichtlicher Perspektive, in: Ders./Plato, Alexander von (Hrsg.): »Wir kriegen jetzt andere Zeiten«. Auf der Suche nach der Erfahrung des Volkes in nachfaschistischen Ländern. Lebensgeschichte und Sozialkultur im Ruhrgebiet 1930 bis 1960. Bd 3. Bonn 1985, S. 19–52

Herbert, Ulrich: Fremdarbeiter. Politik und Praxis des »Ausländer-Einsatzes« in der Kriegswirtschaft des Dritten Reiches. Bonn 1985

Herbert, Ulrich: Nur noch ein Erinnerungsort. Zum Verhältnis von Vergangenheit und Zukunft des Ruhrgebiets. Vortrag, Zeche Zollverein Essen, 26.6.2018; URL: herbert.geschichte.

uni-freiburg.de/herbert/beitraege/2018/nur-noch-ein-erinnerungsort-vortragsfassung.pdf

Hochlamarcker Lesebuch. Kohle war nicht alles. 100 Jahre Ruhr-gebietsgeschichte. Bergarbeiter und ihre Frauen aus Reckling-hausen-Hochlamarck haben in Zusammenarbeit mit dem kommunalen Stadtteil-Kulturreferat ihre Geschichte auf-geschrieben. Hrsg.: Stadt Recklinghausen. Oberhausen 1981

Hombach, Bodo: Pragmatismus statt Visionen. Perspektiven des regionalen Wandels, in: Engel, Klaus / Großmann, Jürgen / Hombach, Bodo (Hrsg.): Phönix flieg! Das Ruhrgebiet ent-deckt sich neu. Essen 2011, S. 180–183

Koenen, Gerd: Das rote Jahrzehnt. Unsere kleine Kulturrevolu-tion. Köln 2001

Koselleck, Reinhart: Vergangene Zukunft. Zur Semantik ge-schichtlicher Zeiten. Frankfurt a. M. 1979

Koselleck, Reinhart: Historia Magistra Vitae. Über die Auflösung des Topos im Horizont neuzeitlich bewegter Geschichte, in: Ders.: Vergangene Zukunft, S. 38–66

Koselleck, Reinhart: »Erfahrungsraum« und »Erfahrungshori-zont« – zwei historische Kategorien, in: Ders.: Vergangene Zukunft, S. 349–375

Koselleck, Reinhart: Standortbindung und Zeitlichkeit, in: Ders.: Vergangene Zukunft, S. 176–207, hier S. 206

Krusche, Dieter: Erläuterungen zu einer fremden literarischen Gattung, in: Haiku. Japanische Gedichte. München 1994, S. 115–148

Kruschinski, Olivier: Schalke erleben. Ein königsblauer Streifzug durch Gelsenkirchen. Göttingen 2016

Laak, Dirk van: Land der Städte. Städtestadt. Literatur über das Phänomen Ruhrgebiet 1911–1961, in: Online-Bibliothek des »Forums Geschichtskultur an Ruhr und Emscher«, November 2001; URL: www.geschichtskultur-ruhr.de/medien/index.html, abgerufen am 22.06.2023

Lübbe, Hermann: Die Aufdringlichkeit der Geschichte. Heraus-forderungen der Moderne vom Historismus bis zum National-sozialismus. Graz, Köln, Wien 1989

Lübbe, Hermann: Im Zug der Zeit. Verkürzter Aufenthalt in der Gegenwart. Berlin, Heidelberg ³2002 [1992]

Lübbe, Hermann: Der Nationalsozialismus im Bewusstsein der deutschen Gegenwart [1983], in: Ders.: Vom Parteigenossen zum Bundesbürger. Über beschwiegene und historisierte Vergangenheiten. München 2007, S. 11–38

Marx, Karl: Das Kapital. Kritik der politischen Ökonomie. 1. Band: Berlin 1984; 3. Band: Berlin 1983

Maubach, Franka: »Mehr Geschichte wagen«! LUSIR und die ganze Geschichte der Arbeiter im Ruhrgebiet vor, während und nach dem Nationalsozialismus, in: *Sprache und Literatur* 47 (2018), H. 117, S. 29–57

Niethammer, Lutz: Aktivität und Grenzen der Antifa-Ausschüsse. Das Beispiel Stuttgart, in: *Vierteljahreshefte für Zeitgeschichte* 23 (1975) H. 3, S. 297–331

Niethammer, Lutz: Umständliche Erläuterung der seelischen Störung eines Communalbaumeisters in Preußens größtem Industriedorf oder: die Unfähigkeit zur Stadtentwicklung, Frankfurt a. M. 1979

Niethammer, Lutz (Hrsg.): »Die Jahre weiß man nicht, wo man die heute hinsetzen soll«. Faschismuserfahrungen im Ruhrgebiet. Lebensgeschichte und Sozialkultur im Ruhrgebiet 1930–1960 [LUSIR] Bd. 1. Bonn 1983

Niethammer, Lutz: Einleitung des Herausgebers, in: Ders. (Hrsg.): LUSIR Bd. 1, S. 7–30

Niethammer, Lutz: Fragen – Antworten – Fragen. Methodische Erfahrungen und Erwägungen zur Oral History, in: Ders./ Plato, Alexander von (Hrsg.): »Wir kriegen jetzt andere Zeiten«. Auf der Suche nach der Erfahrung des Volkes in nachfaschistischen Ländern. Lebensgeschichte und Sozialkultur im Ruhrgebiet 1930 bis 1960 [LUSIR] Bd 3. Bonn: Dietz 1985, S. 392–447

Niethammer, Lutz: Nachindustrielle Urbanität im Revier? Für die Wahrnehmung und Nutzung regionaler Erfahrungen, in: Ders. u. a. (Hrsg.): »Die Menschen machen ihre Geschichte nicht aus freien Stücken, aber sie machen sie selbst«. Einladung zu einer Geschichte des Volkes in NRW. Bonn 1984, S. 236–242

Niethammer, Lutz: Ego-Historie? Und andere Erinnerungs-Versuche. Wien, Köln, Weimar 2002

Noll, Hans-Peter (Hrsg.): Was bleibt ist die Zukunft. Das neue Ruhrgebiet. Hamburg 2013

Noll, Hans-Peter: Chance und Herausforderung – den Wandel gestalten, in: Ders. (Hrsg.): Was bleibt ist die Zukunft, S. 6–7

Packer, George: Our Man. Richard Holbrooke and the End of the American Century. London 2019

Peukert, Detlev: Ruhrarbeiter gegen den Faschismus. Frankfurt a. M. 1976

Peukert, Detlev: Volksgenossen und Gemeinschaftsfremde. Anpassung, Ausmerze und Aufbegehren unter dem Nationalsozialismus. Köln 1982

Peukert, Detlev: Arbeiterschaft und Nationalsozialismus, in: Niethammer, Lutz u. a. (Hrsg.): »Die Menschen machen ihre Geschichte nicht aus freien Stücken, aber sie machen sie selbst«. Einladung zu einer Geschichte des Volkes in NRW. Bonn 1984, S. 159–163

Plato, Alexander von: Ambivalenter Etablierungsprozess. Michael Zimmermann und die lebensgeschichtlichen Tücken einer »WerkstattGeschichte 50 (2008), H. 3, S. 69–72

Reger, Erik: Union der festen Hand. Roman einer Entwicklung [1931]. Ost-Berlin 1946

Renger-Patzsch, Albert: Die Ruhrgebietsfotografien. Hrsg. v. Stefanie Grebe und Heinrich Theodor Grütter/Ruhr Museum. Köln 2018

Regionalverband Ruhr: Der Zeit voraus in Sachen Grün. Der RVR als grüner Verband; URL: https://www.rvr.ruhr/politik-regionalverband/100-jahre-rvr/entwicklung-des-gruenarbeit/, abgerufen am 19.07.2023

Rieker, Yvonne/Zimmermann, Michael: Historie und Hässlichkeit. Betrachtungen zur Ästhetik des Ruhrgebiets. Essen 2007

Rossmann, Andreas: Der Rauch verbindet die Städte nicht mehr. Ruhrgebiet: Orte, Bauten, Szenen. Köln 2012

Rossmann, Andreas: Ruhrgebiet: Ausrufezeichen des Strukturwandels, in: Ders.: Der Rauch verbindet die Städte nicht mehr, S. 18–23

Rossmann, Andreas: Er hat das Ruhrgebiet lesbar gemacht. Glück auf, der Verleger kommt: Zum Tod des langjährigen Leiters des Klartext-Verlags Ludger Claßen, in: *Frankfurter Allgemeine Zeitung* v. 1. 6. 2023

Roth, Joseph: Der Rauch verbindet die Städte [1926], in: Ders.: Werke 2. Das journalistische Werk 1924–1928. Köln 1989, S. 547–549

Schmidt, Ernst: Lichter in der Finsternis. Widerstand und Verfolgung in Essen. Frankfurt ^{2}1980 [1979]

Schmidt, Ernst: Lichter in der Finsternis. Widerstand und Verfolgung in Essen. Erlebnisse, Berichte, Forschungen, Ergebnisse. 2 Bände: Essen ^{3}1988 u. ^{3}1989 [1979]

Schmidt, Robert: Denkschrift betreffend Grundsätze zur Aufstellung eines General-Siedelungsplanes für den Regierungsbezirk Düsseldorf (rechtsrheinisch). Essen 1912

Schneider, Sigrid: »Solche Darstellungen akzeptieren wir nicht!« Zur Rezeption des Bildbandes »Im Ruhrgebiet« von Heinrich Böll und Chargesheimer, in: Grütter, Theodor Heinrich / Grebe, Stefanie (Hrsg.): Chargesheimer. Die Entdeckung des Ruhrgebiets. Köln 2014, S. 271–283

Schütz, Erhard (Hrsg.): Die Ruhrprovinz – Das Land der Städte. Köln 1987

Sloterdijk, Peter: »Dann könnte vom RG geradezu eine Art Welt-Revolution ausgelöst werden«, in: Engel, Klaus / Großmann, Jürgen / Hombach, Bodo (Hrsg.): Phönix flieg! Das Ruhrgebiet entdeckt sich neu. Essen 2011, S. 26–39

Tanizaki Juni'chirō: Lob des Schattens [1933]. Zürich 2010

Zimmermann, Michael: Schachtanlage und Zechenkolonie. Leben, Arbeit und Politik in einer Arbeitersiedlung 1880–1980. Essen 1987

Zimmermann, Michael: »Widerstand und Verfolgung im Ruhrgebiet«. Zu den Grenzen und Möglichkeiten eines Forschungsansatzes am Beispiel einer Region, in: Alte Synagoge (Hrsg.): Verfolgung und Widerstand in Essen 1933–1945. Dokumentation und Ausstellung. Essen 1991, S. 99–124

Zimmermann, Michael: Verfolgt, vertrieben, vernichtet. Die nationalsozialistische Vernichtungspolitik gegen Sinti und Roma. Essen 1989

Zimmermann, Michael: Rassenutopie und Genozid. Die nationalsozialistische »Lösung der Zigeunerfrage«. Hamburg 1996

Zimmermann, Michael: Sinnzumutung und Opferkonkurrenz, in: John, Jürgen / Laak, Dirk van / Puttkammer, Joachim von (Hrsg): Zeit-Geschichten. Miniaturen in Lutz Niethammers Manier. Essen 2005, S. 325–329

ANMERKUNGEN

MOTTO

1 Sport-1-Spielbericht zum Bundesligaspiel Borussia Dortmund–Werder Bremen, Signal-Iduna-Park 20.08.2022.

PROLOG: FREI NACH TOLSTOI

1 URL: https://www.nw.de/lokal/bielefeld/mitte/ 21754054_Was-kaum-jemand-weiss-Bielefeld-liegt-doch-am-Wasser.html, abgerufen am 22.06.2023.
2 Eilenberger, Liebeserklärung, S. 15.
3 Böll, Ruhrgebiet, S. 116.

DER FLÜCHTIGE REFERENT

1 Zitiert n. Rossmann, Ausrufezeichen, S. 18.
2 Böll, Ruhrgebiet, S. 126.
3 Ebd.
4 Ebd., S. 131.
5 Ebd., S. 130.
6 Ebd., S. 120.
7 Ebd., S. 117.
8 Böll, Zug, S. 11.
9 Ebd., S. 10.
10 Ebd.
11 Böll, Ruhrgebiet, S. 117.
12 Ebd. 117 f.

13   Ebd., S. 116.
14   Persönliche Erinnerung d. Verfassers.

LICHTWELLEN ODER VISIONEN

1   Böll/Chargesheimer, Im Ruhrgebiet.
2   Zitiert n. Schneider, »Darstellungen«, S. 276.
3   Ebd., S. 279.
4   Van Laak, Land.
5   Ebd., S. 16.
6   Ebd., S. 23.
7   Ebd., S. 19 ff.
8   Ebd., S. 19.
9   Böll, Ruhrgebiet, S. 127, 129.
10   Ebd., S. 116.
11   Vgl. ebd., S. 127.
12   Ebd., S. 130.
13   Zitiert n. van Laak, S. 3.
14   Vgl. Herbert, Erinnerungsort, S. 30.
15   Sloterdijk, S. 30.
16   Ebd., S. 31.
17   Eilenberger, Liebeserklärung, S. 120.
18   Ebd., S. 132.
19   Hombach, Pragmatismus, S. 182.
20   Herbert, Erinnerungsort, S. 9.
21   Ebd.

ERSTER HAUPTSATZ FOREVER

1   Roth, Rauch, S. 547.
2   Vgl. Cassirer, Philosophie 3, S. 222–237.
3   Roth, Rauch, S. 549.
4   Marx, Kapital 1, S. 192.
5   Marx, Kapital 3, S. 828.
6   Hauser, zitiert n. Schütz, Ruhrprovinz, S. 338.
7   Reger, Union, S. 16.

8   Ebd., S. 18.
9   Ebd., S. 17.
10 Schmidt, Denkschrift.
11 Regionalverband, Grün.
12 URL: https://www.fritz-kahn.com/de/project/der-mensch-als-industriepalast/, abgerufen am 22.06.2023.
13 URL: https://www.spiegel.de/fotostrecke/koerper-erklaerer-fritz-kahn-fotostrecke-106634.html (3/21), abgerufen am 22.06.2023.
14 Renger-Patzsch, Ruhrgebietsfotografien.
15 Van Laak, Land, S. 5.
16 Vgl. ebd., S. 21.
17 Vgl. Herbert, Erinnerungsort, S. 5.
18 Niethammer, Erklärung, S. 16.

BITEMPORALE IDENTITÄTSKRISE

1   Vgl. Goch, Kohlekrise, S. 6–11; Grütter, Folgen, S. 285 ff.
2   Ebd., S. 286.
3   Ebd., S. 286.
4   Berglar-Schröer, zitiert n. van Laak, Land, S. 27.
5   Rossmann, Rauch.
6   Roth, Rauch, S. 548.
7   Vgl. Koselleck, Historia, S. 53 ff.
8   Vgl. Koselleck, Erfahrungsraum.
9   Bloch, Hoffnung 1, S. 12.
10 Vgl. Lübbe, Aufdringlichkeit, S. 13–29; Lübbe, Zug, S. 37–90.
11 Eilenberger, Liebeserklärung, S. 96; 100.
12 Vgl. Rossmann, Ausrufezeichen.
13 Noll, Was bleibt, S. 7.
14 Ebd. S. 128.

NACH DER ZUKUNFT BEGINNT DIE STADT

1   Gespräch Peter Kolling, 17.3.2023
2   Vgl. Koenen, Jahrzehnt.

3   Vgl. Schmidt, Lichter, S. 12–16.
4   Vgl. ebd., S. 15.
5   Peukert, Ruhrarbeiter.
6   Schmidt, Lichter, S. 5–8.
7   Ebd., S. 289.
8   Ebd., S. 12.
9   Koenen, Jahrzehnt.
10 Vgl. Manteuffel/Raphael, Boom; Esposito, No future.
11 Gespräch Ludger Claßen, 16. 3. 2023.
12 Vgl. Rossmann, Lesbar gemacht.
13 Ebd.
14 Schmidt, Lichter (1989).

DIE SCHUL VON ESSEN

1   Vgl. *Der Spiegel* 49 v. 3. 12. 1978.
2   Ebd.
3   Vgl. Heer/Ullrich, Geschichtsbewegung.
4   Zum Hintergrund der sogenannten Dimitroff-These
    vgl. U R L: nrw-archiv.vvn-bda.de/texte/1638_
    dimitroff.htm, abgerufen am 22. 06. 2023.
5   Lübbe, Nationalsozialismus.
6   Vgl. ebd.
7   Bude, Solidarität, S. 77 ff.
8   Ebd., S. 78.
9   Ebd.
10 Schmidt, Lichter, S. 150 f.
11 Ebd., S. 156.
12 Gespräch Lutz Niethammer, 6. 6. 2022.
13 Bajohr, Peukert, S. 324 f.
14 Packer, Holbrooke.
15 Vgl. Koselleck, Standortbindung, S. 206.
16 Niethammer, Erklärung.
17 Herbert, Erinnerungsort, S. 3.
18 Ebd., S. 1.
19 Niethammer, Ego-Historie, S. 134.

LUSIR ODER DAS GRINSEN DER ERINNERUNG

1 Vgl. Heer/Ullrich, Geschichtsbewegung, S. 20;
   Niethammer, Ego-Historie, S. 145.
2 Vgl. ebd., S. 133.
3 Niethammer, Antifa; Ego-Historie, S. 129.
4 Vgl. ebd. S. 124 ff.
5 Vgl. Maubach, Mehr Geschichte; Niethammer, Fragen.
6 Vgl. Herbert, Entwicklung; Maubach, Mehr Geschichte,
   S. 44 ff.
7 Peukert, Volksgenossen.
8 Vgl. Foucault, Geburt.
9 Niethammer, Fragen; ders., Einleitung.
10 Ders., Fragen.
11 Vgl. Herbert, Entwicklung, S. 24 ff.
12 Niethammer, »Jahre«.
13 Peukert, Volksgenossen; Herbert, Fremdarbeiter.
14 Für biographische Informationen vgl. v. Plato, Etablierungsprozess.
15 Rieker/Zimmermann, Historie.
16 Zimmermann, Schachtanlage.
17 Ebd., S. 7.
18 Hochlamarcker Lesebuch.
19 Zimmermann, Jüdisches Leben.
20 Zimmermann, »Widerstand«.
21 Zimmermann, Verfolgt; ders., Rassenutopie.
22 Von Plato, Etablierungsprozess.
23 Vgl. ebd., S. 70.
24 Vgl. ebd., S. 70 f.
25 Vgl. Zimmermann, Sinnzumutung.

LAND DER ZEITEN, NARBENPARK

1 Ganser, Liebe, S. 191.
2 Vgl. ebd, S. 37 ff.
3 Ganser, Liebe.
4 Vgl. ebd. S. 42 ff.; S. 126 ff.

5   Vgl. ebd. S. 190.
6   Ebd., S. 18 ff.
7   Vgl. Krusche, Erläuterungen; allg. zur japanischen Ästhetik: Tanizaki, Schatten.
8   Haiku, S. 101.
9   URL: https://henrichshuette.lwl.org/de/besuch/ allgemeine-informationen/, abgerufen am 22. 06. 2023.

EPILOG: GELSENKIRCHENER RASEN

1   Gespräch anlässlich des Spiels Schalke 04–1. FC Heidenheim am 9. 4. 2023. Dessen Wiedergabe ist stilisiert, die Anführungszeichen zeigen keine wörtliche Rede an. Die Verantwortung für den Inhalt liegt allein beim Verfasser.
2   Gespräch und Tour durch Gelsenkirchen am 19. 4. 2023. Dialoge wie Anm. 1. Vgl. auch Kruschinski, Schalke.
3   Vgl. Eilenberger, Liebeserklärung, S. 88.

//

BILDVERZEICHNIS

S. 67   © Albert Renger-Patzsch Archiv/Ann und Jürgen
           Wilde, Zülpich/VG Bild-Kunst, Bonn 2023.

S. 92   © Thomas Stachelhaus.

S. 120   © Haus der Essener Geschichte/Stadtarchiv,
           Best. 952 Nr. S13/13, Rechte: »Fotoarchiv Ruhr
           Museum«.

S. 164   © Per Leo.

DANK

Ich danke:

Der Brost-Stiftung für sechs Monate, in denen ich nicht nur in einer imperialen Doppelhaushälfte wohnen, sondern auch den ehrwürdigen Titel »Metropolenschreiber RUHR« tragen durfte. Ohne ihre Förderung sowie die Unterstützung, die mir vor allem Dr. Boris Berger, Natalie Harrack und Taner Ekici in allen Lebenslagen zukommen ließen, hätte dieses Buch nicht entstehen können.

Sarah Iwanowski, Tom Müller und dem Tropen Verlag für schnörkellose Präzision in atemberaubendem Tempo.

Laura Schaper für ein mustergültiges Lektorat, dessen Akkuratesse in der Eliminierung eines peinlichen d gipfelte.

Wolfram Eilenberger für vielfältige Hilfe, Anregung und Ermutigung – und ein Buch, das dem Stoff dieses Buchs zu seiner Form verhalf.

Dirk van Laak für unbezahlbare Hinweise und einen nie versiegenden Strom an Material.

Bodo Menze für eine unvergessliche Stadionführung, bei der plötzlich Zuneigung zu einem Ruhrgebietsclub entstand, den Werderfans eigentlich lieber auf Distanz halten.

Markus Langer für all die Begegnungen, bei denen allmählich Zuneigung zu einem Ruhrgebietsclub entstand, der schon lange ist, was Werder gerne mal wieder kurz wäre. Und für ein unvergessliches Spiel!

Leo für unvergessliche Besuche in Mülheim – das Spiel!! – und all die kleinen Unterbrechungen meiner Arbeit.

Alexa für alles, vor allem aber für Sacrow und die Kritik.

Und last but not least: Lutz Niethammer, Peter Kolling und Olivier Kruschinski für lange Gespräche, die mir mehr als jeder Text Einsicht in Gegenwart und Vergangenheit des Ruhrgebiets vermittelt haben. Das Gleiche gilt für Ludger Claßen. Weil ich ihm aber leider nicht mehr danken kann, sei dieses Buch der Erinnerung an seine unaufdringliche Größe gewidmet.

Berlin, im Juni 2023

»WER EIN REALISTISCHES BILD SEINER ZEIT UND SEINER REGION HABEN MÖCHTE, BRAUCHT DEN BLICK VON AUSSEN«

So begründet Prof. Bodo Hombach, Vorstand der Brost-Stiftung, die Einladung der »Metropolenschreiber/in Ruhr«. Seit 2017 erhalten ausgewählte Autorinnen und Autoren neben finanzieller Unterstützung ein halbes bis ganzes Jahr lang Residenz im Revier. »Für Entdecker eine reiche menschliche, kulturelle und historische Schatzsuche«, so Hombach.

Erste »Metropolenschreiberin Ruhr« war Schriftstellerin Gila Lustiger (»Die Schuld der Anderen«), im Oktober folgte der Journalist Lucas Vogelsang (»Heimaterde«). Von ihm übernahm Philosoph Wolfram Eilenberger (»Zeit der Zauberer«), bis er den Staffelstab 2020 an den argentinischen Schriftsteller Ariel Magnus (»Die Schachspieler von Buenos Aires«) weiterreichte. Im Anschluss zog die Autorin Raphaela Edelbauer (»DAVE«) aus Österreich für ein halbes Jahr ins Ruhrgebiet, bis Per Leo für sechs Monate das Amt antrat. Sie alle beleuchten das Ruhrgebiet und seine Menschen aus ihren eigenen, ganz unterschiedlichen Perspektiven.

Nach dem Willen der Stifterin Anneliese Brost fördert die Brost-Stiftung Projekte in den Bereichen Kunst und Kultur, Jugend- und Altenhilfe, Volks- und Berufsbildung sowie mildtätige Maßnahmen. Förderschwerpunkt ist das Ruhrgebiet, dessen Identität die Brost-Stiftung stärken will. Dabei setzt die Stiftung auf die Strahlkraft der geförderten Ideen, die aufgrund ihrer Innovationskraft auch außerhalb der Region Beachtung und Anerkennung finden.

WWW.BROSTSTIFTUNG.RUHR